我知道你在想什么

MIND READER

[美]大卫·李伯曼 著

陶李春 译

中国友谊出版公司

图书在版编目（CIP）数据

我知道你在想什么 /（美）大卫·李伯曼著 ; 陶李春译. -- 北京：中国友谊出版公司，2024.4
ISBN 978-7-5057-5705-9

Ⅰ.①我… Ⅱ.①大… ②陶… Ⅲ.①心理交往 – 通俗读物 Ⅳ.① C912.11-49

中国国家版本馆 CIP 数据核字（2023）第 157222 号

著作权合同登记号　图字：01-2023-4356

All rights reserved including the right of reproduction in whole or in part in any form.
This edition published by arrangement with Rodale Books, an imprint of Random House, a division of Penguin Random House LLC.

书名	我知道你在想什么
作者	［美］大卫·李伯曼
译者	陶李春
出版	中国友谊出版公司
发行	中国友谊出版公司
经销	新华书店
印刷	三河市中晟雅豪印务有限公司
规格	880毫米×1230毫米　32开 7.75印张　180千字
版次	2024年4月第1版
印次	2024年4月第1次印刷
书号	ISBN 978-7-5057-5705-9
定价	59.80元
地址	北京市朝阳区西坝河南里17号楼
邮编	100028
电话	（010）64678009

寄语

Find Out Who's Normal and Who's Not
Executive Power
Instant Analysis
Make Peace with Anyone
Never Be Lied to Again
Get Anyone to Do Anything
You Can Read Anyone
If God Were Your Therapist
How to Change Anybody
Never Get Angry Again

识人之明，御人之能；
即时反思，遂以称仁。
掌控全局，明察秋毫；
调节情绪，心平气和。
不令而行，如有神助；
种种才能，尽在此书。

——大卫·李伯曼

引言

三十年来，我一直试图使用不同的策略，从心理学角度丰富我们对于人性的了解，进而提高人们日常生活与人际关系的质量。1998年，我写了一本书，书名是《再也不被欺骗》（*Never Be Lied to Again*），这本书介绍了一系列特定的技巧，以帮助人们发现日常生活中的各式欺骗。大约十年之后，我写了《你能够读懂任何人》（*You Can Read Anyone*），这是《再也不被欺骗》的续篇，其中新增了一些解读他人行为的技巧。如今，又将近十年过去了，多亏了心理语言学、神经科学以及认知和行为科学方面新兴研究的发展，本书才得以向前迈进一大步。在本书中，我会向你介绍最先进、最前沿的用于剖析人的行为的各类方法，学会这些方法，你将获得近乎心灵感应的能力！不论你身处何种场合，从随意交谈到深度协商，不管人们表面上表现得如何，你都能够发现他们隐藏在笑脸下的真实想法与感受。你将能够了解潜藏在人们潜意识深处的事物，即便他们本人在面对这些想法时处于否认状态，不愿意（或无法）在意识层面上面对这些想法、感受以及恐惧。

《我知道你在想什么》涵盖了全新的领域,几乎不依靠古老、过时的肢体语言手势。举个例子,许多专家认为交叉双臂与跷二郎腿暗示着提防与分歧。尽管这种说法从学术上来讲并不算错,但如果你的实验对象身处一个寒冷的房间,并且坐在没有扶手的椅子上,你最终就会得到一堆错误的结论(因为他们交叉手臂与跷二郎腿只是为了取暖)。不可否认,缺少或是几乎没有直接的眼神接触是欺骗的典型标志。但问题在于,坏人也明白这一点。所以除非你的实验对象是一个被抓到在偷吃饼干的五岁小孩,否则你还需要更加精密复杂的策略。更令人毛骨悚然的是,你如何准确解读一个相信自己谎言的精神病患者的行为呢?

有些老一套的策略,号称能够通过对人们着装的粗略观察,来揭示其对于人们心灵的深刻洞察,而我们如今早已远远超越了这一类方法。一个宗教吊坠就能深刻反映佩戴者有虔诚的精神品质吗?并不一定。也许这个人戴着吊坠只是为了抵消罪恶感,因为她①的生活与这种理想背道而驰。也许她是出于情感需要才佩戴这个吊坠的,也许因为这是她祖母的东西。穿着一身权力套装与一双锃亮的皮鞋是否暗示着野心,而运动裤是否意味着懒惰?当然不是。也许有的人打扮随便只是因为这样让她感到很舒适,而且他们并不在乎别人如何看待自己;再者,可能她严重缺乏安全感,但她不想表现出来,所以装作不在乎的样子。

有些人的忠实爱好就是根据单一行为来推断假设。毫无疑问,

---

① 本书中的人称代词,皆遵从原文译出。——译者注

这是无稽之谈。你的朋友总是迟到并不意味着他不懂得体谅别人。也许他是一个完美主义者，他要在出门前把一切都准备好；也许他是想故意等到最后一分钟，从而获得肾上腺素飙升的刺激感；也许他的妈妈总是强调让他准时到场，这让他在潜意识下反其道而行之；也许他感到空虚，从而失去了对时间的掌控。如果我们只依靠浮于表面的假定，对他人的误解将无穷无尽。

那么，什么方法才奏效呢？本书中，我将要教给你的技巧来自多个不同的学科。你要做的就是集中注意力，关注几个关键点，这能够让你好似拿着一个具有魔力的放大镜去观察一个人的心理状态，包括他的想法以及感受，其中最为重要的是他的正直以及情感健康的程度。

首先我要说明的是，许多书中所介绍的技巧都不需要与你的实验对象互动，通常你只需要听对话、讲话，或者录音，比如说语音邮件消息，甚至只需要通过阅读电子邮件就能产生效果。在当今这个口罩与视频会议足以使可靠的面部表情与肢体语言完全失效的时代，这种解读他人行为的能力就显得尤为重要。

在接下来的章节中，我将逐步向你展示如何在日常生活中准确判断他人的内心想法。比如说，你将看到如何准确判断一个人是值得信赖的还是言不由衷的，一个同事是被麻烦缠身还是单纯的喜怒无常，又或者第一次约会是成功还是失败。而当风险很高时，比如涉及谈判、审讯，以及虐待、偷窃、欺诈等问题，通过识别谁在乎你的切身利益，你将明白如何节省自己的时间、金钱、精力以及不必要的感情。

我的成果之所以被执法部门广泛采用，其原因在于：只要你正确地运用这些技巧，它们便容易上手而且准确无误。我强烈建议你不要急于盖棺论定，不要见面一两秒就抛弃自己的理智与常识，甚至放弃一段关系。如果你对一个人的判断，包括对于他们的诚实、正直、意图，甚至还有情感健康的判断只建立在一句不经意的话语或者短暂的互动之上，那你可要改改你这毛毛躁躁的性子了。

　　本书中，为更好地阐释心理学原理，我设置了许多一句话的示例。在现实生活中，做决定之前多听多看，这样才是谨慎可靠的。正如我们在本书中所见到的，一项随意的言行无法证明任何事，但长期反复出现的句法模式就能说明一些问题了。[1]

　　当你有许多模棱两可的疑问时，不妨花时间建立一份可靠的档案。尽管本书有多个章节，但我在每一章中教给你的方法都是与前文相联系的，你最好将它们放在一起来看，这样能够提高你的整体评估效果。

　　在你越发了解他人的同时，我希望你也能够更好地了解自己，随着自我意识的增强，你将有机会保持情感健康、提高生活品质并且改善每段不同的关系。当你能够明白每个人实际在想什么、想要什么，以及他们是怎样的人的时候，你就能够在每一次谈话、不同的状况中体会到预知的优势。

PART 1

潜意识揭露了什么

003　第 1 章　人们的真实想法
　　| 不同的瞬间　　　　　| 巨大的鸿沟
　　| 委婉地讲话　　　　　| "这里"与"那里"

013　第 2 章　一个人是如何看待或感受他人的
　　| 国王与我　　　　　　| 符号表征

022　第 3 章　近距离接触
　　| 新的邂逅

031　第 4 章　人际关系中的地位与影响力
　　| 沉默是金　　　　　　| 向内还是向外

040　第 5 章　读懂他人的情绪
　　| "自信"的心理　　　　| 焦虑的暗示
　　| 恐惧令我们愤怒

PART 2

人形测谎仪

055　第 6 章　判断一个人的诚实度
　　| 非言语性的应激反应　　　　| 引入刺激源
　　| 谎言的力量

065　第 7 章　如何识破一个人是在虚张声势
　　| 苹果公司的错误　　　　　　| 在有防备的交流中
　　| 整个世界是一场作秀

073　第 8 章　编故事：一种托词
　　| 表述的结构与细节的本质　　| 澄清和明显的断言
　　| 托词的终极克星

085　第 9 章　交易的名堂
　　| 骗局中的操纵　　　　　　　| "联系"骗局
　　| 说谎的关系

PART 3

拍摄心理快照

097　第 10 章　窥探人格与心理健康
　　| 追踪精神疾病　　　　　　| 情绪和地位的交叉结构
　　| 解读一个人的核心本质　　| 词语的本质

112　第 11 章　叙事身份：解读心灵与灵魂
　　| 得到结论　　　　　　　　| 镜子，墙上的镜子

120　第 12 章　激活防御网格
　　| 镜花水月　　　　　　　　| 触到痛处
　　| 有距离感的语言

128　第 13 章　价值观的意义
　　| 意义的价值　　　　　　　| 自尊，动力控制和情感健康

134　第 14 章　弹性因素
　　| 更少的自我 = 更少的控制需求　　| 高于 / 低于

PART 4

建立心理档案

143 **第 15 章 寻求理智**
  | 现实的镜头 | 绝对的，肯定的，百分之百的
  | 法官、陪审团和刽子手
  | 每幅画面都描绘了一个故事

155 **第 16 章 自尊心理**
  | 像魔鬼一样奔袭 | 自恋狂的秘密
  | 如果我不能联系，那么我会控制
  | 游戏，面具和藏身之处

163 **第 17 章 揭露人格障碍**
  | 照亮隐藏的标志 | 面具后的窥视

170 **第 18 章 关系的反映**
  | 消除错误的积极性 | 关系的印象

第 19 章　高潮和低谷以及其间的痛苦　180

| 聚焦错觉　　　　　　| 感觉忧郁，但不是对你
| 身心关联　　　　　　| 司机还是乘客
| 从神经病到精神病　　| 语言标记

第 20 章　何时该担心：红色警报和预警信号　192

| 自身的威胁

结论　如何处理你所知道的　199

注释　200

PART 1

潜意识揭露了什么

从随意交谈到深度协商，不管人们表面上表现得如何，你都能够发现他们隐藏在笑脸下的真实想法与感受。你将能够了解潜藏在人们潜意识深处的事物，即便他们本人在面对这些想法时处于否认状态，不愿意（或无法）在意识层面上面对这些想法、感受以及恐惧。你将能够发现人们对你的真实看法，以及他们所认为自己在他们所有的人际关系（包括私人关系与职业关系）中所拥有多大的权力与掌控力。

第1章

人们的真实想法

通过密切关注人们讲话的内容,以及他们的讲话方式——他们的语言模式与句子结构,你就可以弄清楚他们脑海之中的真实想法。

为了证实这一点,我们先上一节轻松快捷的语法课。在语法意义上,人称代词与某个人或某群人有关。它既可以是主格、宾格,也可以是所有格,归根结底,这只取决于你怎么用。从语法上来说,在讨论一个人或是一群人的时候,会有三种独立的视角:

- 第一人称(我、我的;我们、我们的)
- 第二人称(你、你的)
- 第三人称(他、他的;她、她的;他们、他们的)

从表面上看,代词似乎只是简单地取代了名词,这样人们就不必重复相同的词语。"约翰把约翰的钱包丢在约翰家的某个地方"并不是一句顺口的话。"约翰在他家某处丢了钱包"听起来就更顺耳一点。但从心理语言学的角度来看，代词的使用可以揭示一个人是否试图故意将自身与其所说的话岔开或撇清关系。同样，一个不够老练的骗子可能会下意识将目光从你身上移开，因为眼神接触能够增进亲密感，而撒谎的人往往会感到一定程度的愧疚。同样，一个发表不实言论的人往往会下意识设法使自身与其言论撇清关系。第一人称代词的使用意味着一个人对他的观点有着坚定的立场与信心。在实际对话中，对人称代词的省略往往预示着某人对于承认他的言论的真实性勉为其难。

举个日常生活中的例子，比如给予赞美。一个相信自己所言的女人更有可能使用人称代词，比如，"我真的很喜欢你的演讲"，或是"我喜欢你在会议上的发言"。然而，一个善于溜须拍马、毫无真诚可言的女人可能会说"完美的演讲"或是"看起来你应该做了很多研究"。在第二种情况中，她已经完全将自己从这个对话中移除。执法部门的人对这一原则十分熟悉，他们能识别出那些故意提交虚假报告，宣称自己的车被盗的人，因为他们通常将车称作"那辆车"，而不是"我的车"或"我们的车"。当然了，你也不能仅仅凭一句话就来衡量一个人是否诚实，但人称代词的使用算是第一条线索。

不同的瞬间

即使在有人称代词的情况下，一句话从主动语态转变为被动语态也可能意味着缺乏真诚。因为主动语态更有力，互动性更强，能够揭示主语——在我们的例子中，由人来执行句子中动词的动作。而在被动语态中，主语受其他实体的作用而存在。

比如，"我把笔给了她"，这是主动语态，而"笔是我给她的"是被动语态。注意其措辞的转变，品味一下它是如何巧妙弱化说话者的个人责任的。再比方说，两个兄弟或是姐妹正在玩耍，小的那个突然哭了。大部分情况下，母亲或是父亲询问发生了什么的时候，另外一个孩子往往会这么回答："因为他摔倒了""她受伤了"，或者"他撞到头了"。很少有孩子会这么说："我干了A事，导致了B结果。"事实上，孩子（他们是完全以自我为中心的）主动承担起责任并大胆承认错误是很少见的，比如"我把他推到了墙上，导致他撞到了头"，或是"她爬到我背上的时候我应该更小心一点的"。

让我们看一下另外一种语境。在一项名为"让你失去面试机会的话"的研究中，研究者评估了成百上千名现实生活中求职者的面试语言。只基于语言模式，他们成功将这些求职者按照求职表现从低到高进行分组。[1] 以下是他们的研究结果：

- 高效率求职者的回答中包含大约60%的第一人称代词。
- 低效率求职者的回答中，第二人称代词的使用频率比表现优异者高将近5倍。
- 低效率求职者的回答中，第三人称代词的使用频率比表现优异者高将近两倍。

高效率求职者习惯于将自身置于他们行为的中心，因为他们在工作中能够结合实际经验。而低效率求职者无法做到这一点，他们更有可能给出抽象化或者假设性的回答，因为他们缺乏现实生活中的经验与成功。[2]

高效率求职者一般会这么说："我每个月都给我的客户打电话，看看他们情况如何。"或者："我在ABC公司每天都打两百个电话。"

低效率求职者则会这么说："应该定期与客户联系。"或者说："你（或是另外一个人）应该经常给客户打电话，你可以让他们分享一下经验……"

当你已经把自己置于一项公认活动之外时，就会传递出这样一种隐晦的信号（甚至你本身也会给人这样的感觉）。比如，询问一个孩子参加夏令营第一天的情况，注意同样的总结是如何揭示出两种截然不同的印象的。如果是第一种，那说明孩子还充满热情；如果是第二种，那就说明孩子缺乏活力了。以下是孩子的两种反应：

反应A："我吃了早饭，然后我们去公园玩了秋千，玩完之后我们去游泳了。"

反应B："首先是吃早饭，然后他们带我们去公园玩了秋千，最后带我们去游泳。"

使用被动语态或不使用代词也能够使一些令人难以接受或是挑衅性的话语变得柔和。比如，某人兴奋地宣称"我们赢了比赛！"

而不是"比赛被我们赢了"。因为带有人称代词的主动语态传达了一种团结一心的精神，从而激起了大家的快乐与自豪。同理，政治家们倾向于使用看起来相当勉强的措辞来许可某事或是进行道歉，进而达到弱化其直接责任的目的。譬如以下妙句："错误已经铸成。""真相仍不完善。""人民应得到更好的保障。"这些措辞也暗示着说话者的性格。当你的裁缝师告知你"我在缝下摆时失误了"，而不是"我犯了一个错误"。由此，我们可以推测他在做事时有着更高的诚实度与职业操守。[3]

巨大的鸿沟

具有疏离性的语言形形色色。看看下面这些成对的短句，体会一下哪些更加扣人心弦，更具真诚。

"我肃然起敬"与"我很敬畏"

"我感觉自豪感充斥我的全身"与"我很自豪"

"就我个人而言，我很高兴"和"我很高兴"

"我是你的超级粉丝"和"我特别欣赏你"

前面的短句都试图在其中刻上具有情感色彩的烙印，但由于两个语言学上的漏洞，却无法使敏锐的观察者信服。首先，高涨的情绪是与精简的语法结构有关的，不是辞藻越华丽越好。真诚而又饱含感情的句子往往是简短的、直奔主题的。品味一下："救命"或

"我爱你"。其次，说话者将他自己（"我"）与情感情绪隔开了。你觉得以下哪一个语句更具有可信度？

句子A：我很感激我的妻子幸存下来。我很感谢所有的救援人员。

句子B：就我个人而言，我很感激我的妻子能够幸存。我觉得我对所有的救援人员都心存感激。

语句A听起来是发自内心的，而语句B给人的感觉像是一篇公关新闻稿。如果讲者有充足的时间来组织他的语言与想法，那么第二句话不会令人反感。然而，在无准备、情绪激动的情况下，像语句A那样的语言模式才更符合常理。

在这样的情况下，陈词滥调与过度隐喻都会使人怀疑其真实性。一个人若是通过这些方式将自己粉饰成什么充满激情的角色，那他就是在试图用尽可能小的成本来传达一种并不真实的情感。制造情感需要耗费大量的精神能量，所以人们会使用舶来语。举个例子，你问任何一个受过精神创伤的受害者当时发生了什么，他们的回答永远不会是尼采式的引用，如："活着就是受苦；生存就是在苦难之中寻找意义。"或是一些陈词滥调，如："饼干就是这样碎的（意味着事情就是这样）。"

当然，随着时间流逝与视角的转变，我们可能会采用更加哲学化的观点。然而，没人会用背诵Pinterest①上最流行的关于苦难之美的句子这样的方式，来描述一种富含感情色彩的经历。同样，如果有人说这种创伤性的经历"在我的杏仁核（情感记忆储存在大脑的那一部分）里是不可磨灭的"，这就有点不真实的味道了。毕竟，情感是需要一致的。

有一项影响深远的研究是关于现实生活中那些请求帮助寻找失踪家属的人的，这项研究发现，真正的请求包含更多关于希望找到幸存失踪者的口头表达，蕴含对亲属更加积极的情感，以及会更加刻意避免刺耳难听的语言出现。[4]简而言之，这些请求富含强烈的情感与乐观的情绪，而不是一些掺杂着消极的口号与格言。

委婉地讲话

人造丝的成分实际上是聚酯纤维，人造革其实是塑料制品。制造商给商品贴上这些标签，并不是单纯地为了欺骗消费者，而是为了改变人们的初始印象。毕竟，有些词第一眼看上去就给人一种不入流的感觉。而委婉语正是用来减轻这种比较"感性"的影响。正是如此，一个优秀的推销员不会直接跟你说"签合同吧"，而是会告诉你："您好，这是相关文件，请您批准。"尽管这两种不同的话语都指向同一目的——向你推销，但毫无疑问，在没有律师在场的

---

① Pinterest是一个社交图片网站，用户可以把自己感兴趣的东西"钉"（pin）在虚拟的"公告板"（pinboard）上。——编者注

情况下，人们总是会对签订合同这一行为产生下意识的警惕。但像批准一份文件这种小事，大部分人都会毫不担心地直接拍板决定。

一个老练的审讯员在审讯时懂得去避免使用一些尖锐刺耳的词或话，比如贪污、谋杀、说谎、招供，他们不会使用那种可能会与审讯对象产生冲突的语言。例如，他们不会强硬地说："别再撒谎了，告诉我真相！"而是会这么说："咱们理一下整个事情的来龙去脉，好吗？"或者："看在大伙儿的分儿上，你澄清一下事实呗。"

政治家们比绝大多数人都要更明白语言是如何影响人们的态度和行为的。譬如，在一次军事行动中，我们宁愿听到所谓"间接伤害"，也不愿接受平民被意外杀害这样的话；就算我们听到"友军交火"这样的话，也不会像得知士兵们互相射击那样感到不安。当然了，看早间新闻时，"死亡"这个词比"伤亡人数"更能触动我们的情绪。

在日常生活中，我们可能会把厕所称为浴室、盥洗室或者卫生间。事实上，我们宁愿告诉保险公司那只是一场"只撞弯保险杠的小事故"，也不愿说出那个词——"车祸"。同样，相较于告诉职员"你被炒了"，人们更喜欢使用"你可以离职了"或是"你被解雇了"这样比较委婉的语言。

委婉语的使用启示我们，一个人如果想要通过使用委婉语来淡化或转移他的直接意图，那可能是以下几种情况：（a）试图让自己的行为或请求不那么明显；（b）担心他们的消息会被误解；（c）对话题本身感到不适；（d）上述情况的任意组合。

第1章 人们的真实想法

"这里"与"那里"

一个人会下意识地将自己与他的听众、他所交流的内容以及他交谈的对象联系起来,这也是通过运用所谓"空间即时性"来实现的。[5]英语中的this、that、these、those、here、there可以作为副词,表示人或物与说话者的关系。这些词也能阐明情感上的距离。我们通常会用这些词来指代我们所认为积极的人或事,并希望与之相联系(如"这是个有趣的想法"或"这儿有个有趣的想法"),需要注意的是,反过来就没那么具有启发性了。比如,一个同事说"那真是个有趣的想法",这并不一定是在假装积极。反映人们之间亲密关系的语言与每个人的感受息息相关,但它不一定会与疏离性的语言存在共通点。

错综复杂的心理学问题比比皆是,因为疏离性语言表明存在着一种名为"心理脱离"的心理保护机制。比如,在治疗中,一名老练的化验员能够敏锐察觉到病患通常避免使用或直接省略人称代词,这意味着他们可能是在刻意回避一段亲密关系,或是不够坦率,又或是在逃避责任。[6]当有人总会使用第二人称"你"或是第三人称"那个人"的时候,你就要留心了。尽管这些都适用于每个人的日常语境(如"你应该常说请和谢谢"),但使用第二人称或第三人称来代替第一人称的作用,这就暗含了一种情感上的焦虑与不安。举个例子,经理批评他的职员应该更好地把握他的工作节奏,不要把重要的事情留到最后关头去做。思考以下两种可能的回应:

回答A:"我知道,但我无法每一次都预测到未来的变化。"

回答B:"你懂的吧,你不能预测到未来有什么变化。"

尽管这两种回答都没有回应指责,但第二种回答完全偏离了应有的轨道。因为这个员工认为无法预测到未来的意外是一件很正常的事情,他不愿承认是他个人的时间管理存在一定的问题。在第12章中,你将学习如何判断一段对话是否对你有所触动,以及如何区分欺骗他人和欺骗自己的人。

本章只介绍了一些语言学的基本原理。原理方面的内容还有很多,借此我也想再次提醒大家,只凭一句话就认为能证明什么,那实在是相当可笑。例如,性格外向者倾向于将他们的语言纳入自己的偏好中(如"我发现它实在太有趣了"),然而性格内向者则会惜字如金(如"有趣")。作为一个孤立的陈述,这两种说法的可信度是难以比较的。我们还了解到,使用主动语态会增加可信度,但若是缺少了人称代词,可信度又会下降。比如,"这本书很迷人"这句话使用了主动语态,然而"我被这本书迷住了"这一句,主语是"我",使用了被动语态。若只是单看一句话,你同样无法区分其究竟是欺骗之语还是客观陈述。

随着逐渐深入阅读本书,你将逐渐体会到心理学的复杂深奥,领略到一系列技巧的精密严谨。我们的心理学之旅才刚刚启程。

第2章

一个人是如何看待或感受他人的

执法人员发现，经历过暴力犯罪的受害者（如绑架或是袭击）很少会用"我们"这个词。相反，他们会将事件中的犯罪者与他们本身分隔开来，他们会将袭击者称作"他"或"她"，将自己称作"我"。例如，他们不会说"我们上了车"，他们更倾向于这样表述："他让我上车。"他们不会说"我们停下来加油"，而会说"他停下来加油"。一段叙述中如果掺杂大量的这种词，如"我们"，那么就可能暗示了一种心理上的亲近（当然，这在犯罪中是不太可能的），也可能暗含一种协作甚至是合作关系。[1]

我们可以看看这种心理在日常生活中的积极应用。约会结束后，杰克和吉尔走出一家餐馆，吉尔问道："咱们把车停在哪儿了？"这是一个很简单的问题，但吉尔用的是"咱们"而不是"你"，这表明她已经逐渐认可杰克并将他们看作一对情侣。而如果问的是："你把车停哪儿了？"这不一定暗含冷淡之意，毕竟这确实是杰克的车，但如果将"你"换成"咱们"，毫无疑问其潜台词就是：我对你很有好感。

每当我与情侣们交谈时，我常常注意到他们的对话中几乎不会出现"我们"这个词。研究表明，喜欢使用合作性语言（如"我们"）的已婚夫妇相较于喜欢使用个性化语言（如"我"）的夫妻，其离婚率更低，而且对婚姻的满意度更高。[2]研究也证实，这种代词的使用与夫妻对分歧和危机的处理之间有着很强的相关性，这足以预示他们是选择团结协作还是各行其是。[3]第二人称类词语的使用（如"你"）也可能意味着一种不明说的挫败感或是一种毫不掩饰的攻击性。在对话中，有人会说："你得给我搞清楚。"这句话传达了一种明显的敌意以及一种"单挑"意味的思维倾向。然而，"我们得搞清楚这个问题"却暗含一种"我们"与问题之间是对抗关系的意味，可以说是一种对于共同责任和合作的假设。

你能猜出以下两人哪一位的婚姻状况更惨吗？

A："我们的婚姻出了问题。"
B："婚姻出现了问题。"

B不单单是与他的妻子存在隔阂，他甚至已经将其完全排除出他们的婚姻。在他眼中，他的妻子与外人似乎没什么两样。其他的案例比比皆是：当着配偶的面将孩子称作"我的孩子"而不是"我们的孩子"，将住宅称作"我的房子"或"我的卧室"，简简单单的称呼就反映出一个人思考问题的视角。同样，若是涉及一些糟糕的事情，一位盛怒之下的丈夫可能会这样质问他的妻子："你知道你儿子上课时干了什么吗？"然而若是有什么好事，可能其措辞就是这样的："你知道我们的儿子今天上课干了什么吗？"与上文所提到的一样，随便一句话并不能说明什么（其实这些语句都可能预示着某人此刻极其愤怒或沮丧，但并不涉及婚姻本身），但前后一致的句法模式是能够说明一些事情的。

句法的影响与应用已经延伸到了商界。研究表明，如果员工习惯将他的公司称作"那个公司"或"这个公司"，而不是"我的公司"或"我们的公司"，将同事们称作"他们"而不是"我的同事"，这意味着这个公司极有可能士气低落、离职率高。[4]在体育行业也是如此，你可以从一个人的语言之中分辨出他是不是一棵墙头草，当他支持的球队赢得比赛，他们会兴高采烈地宣布："我们赢了！"但当球队输球，他们则会这么说："他们输了。"为何会如此呢？因为人称代词"我们"通常会用在积极的语境之中。

国王与我

一个人讲话的顺序是很重要的。如果某人以看似随机的顺序提到某人、某物或者是一段感情，并且断断续续的，也没有什么逻辑可言，我们最好注意一下这个顺序。它通常会传达出这个人潜意识中的优先事项，或者表明他或她不愿讨论某些事情。

你还记得这个古老却揭示人性的故事吧？两个女人来到最有智慧的男人——所罗门王面前。她们各自诞下一名男婴，前后不过只差了几天。然而其中一个女人在睡梦中不小心翻身压到她孩子身上，把他活活闷死了。她醒后将孩子的尸体与另外一名男婴相调换,但另一个孩子的母亲醒后立马发现那并不是她的孩子,她的孩子被调换了。

所罗门早已通过预言得知谁是活着的孩子的母亲,但他却想用无可辩驳的逻辑来证明他的所思所想。他大声道:"这一位女士说:'我的儿子还活着,死去的那个才是你的孩子。'而另一位女士说:'不是这样的,你的孩子是死的,而我的孩子是活的。'"

接着所罗门拿来了他的剑,并说他要把这个孩子切成两半,这样就能解决这个难题了。其中一个女人尖叫道:"不!"毫无疑问,这表明她才是这个孩子的母亲。大名鼎鼎的测谎专家阿维诺姆·萨丕尔恰当地指出,第二个女人告诉国王"她的孩子是死的,我的孩子是活的",但第一个女人却首先提到了自己的孩子("我的孩子是活的,她的孩子是死的"),因为她的注意力一直都在她自己的孩子身上——他还活着,所以她会在惊叫之中优先提到她的孩子。[5]萨丕尔还引用了"亲爱的艾比"中的一个例子:

一位女士写到,她的儿子遇到了许多困难,但她的丈夫对此却并不理解,毫无体谅之意。她想知道她能做些什么才能让她的丈夫明白。但在信中,她依次提到了她自己、她儿子以及她儿子的狗,最后才提到了她的丈夫。她在信中都写明了她儿子、她儿子宠物狗的名字,但唯独没有提到丈夫的名字。"她甚至将狗排在她丈夫之前",这表明她真正想要解决的问题其实存在于她的丈夫身上,而不是她丈夫和儿子之间的关系。[6]

第 2 章 一个人是如何看待或感受他人的

注意细节的顺序可以说是一条通用的规则，可以适用于各种各样的场合与情景。比如，当你向一个小孩问起她家里有哪些人，她可能会说"我妈妈，我爸爸"，然后飞快地说出她兄弟姐妹的一大串名字。当然，如果她将"爸爸"排在"妈妈"之前，按照年龄大小依次提到兄弟姐妹，或是先提起她的两个姐妹，然后提到她的讨厌鬼弟弟，这也是正常的。此外，如果她先提起了小狗斯波蒂和金鱼戈尔迪，甚至其次序还在她爸爸妈妈之前，这也没什么好担心的，因为她是一个小孩子，她可能只是特别喜爱宠物。然而，如果她遗漏了一名家庭成员或单单将其排在最后，甚至不如宠物，这就值得进一步探究了。简单来说，这种排序或对家庭成员的遗漏并不意味着这个家庭中存在什么邪恶不法之事，但它确实可以说明这个家庭中的关系可能并不像我们想的那样其乐融融。

同样，当你向一个员工问起她的工作环境如何，她可能会先谈起她的主管，然后才提及她的一些同事。若是她公事公办地将同事按照等级高低排序，或者首先提到她那位做接待员的嫂子，那也没什么好奇怪的。[7]然而，如果她宁愿在咖啡机或是休息室的话题上扯来扯去也不愿提及她的同事或者朋友，那可能侧面反映出这位员工被孤立，或是天生性格冷漠，又或是缺乏一种对他人的亲和力，这就值得进行进一步的调查。

我最近遇到了一个快三十年没见的儿时伙伴。"哇，你气色真好……你看起来一点都没变。"一番商业互吹过后，接着就是分享照片的时间。他给我展示了一大堆他与他的宠物狗的照片，有在公园一起吃午饭的，有舒服地蜷缩在床上的，还有在沙滩玩飞盘的。

然后他向我介绍了一堆跟他关系很"铁"的知名人物,他的手指不断地划动屏幕,很多都是和一些二线明星的合影。只是看几十张照片的时间,却给我度日如年的感觉。终于,在划到一张十几岁男孩的照片后,他的手指停了下来。那张照片是这样的:男孩手握哑铃,没穿上衣,并且独自一人。"这是我儿子,马克。"他直截了当地说。只是扫了一眼就划到了下一张照片。"这是我女儿。"这次,他没说名字,"她现在在加州大学洛杉矶分校上学。"简单的介绍戛然而止。这两张他孩子的照片中都没有出现他的身影。我的这位老朋友目前还跟他的第二任妻子在一起生活,但他并没有提起她,没有她的照片,一个字都没提。

这是否意味着他不爱他的妻子和孩子?不。也许他极其希望和他的家人时刻保持联系,但由于个人问题或是一些未知的情形,这可能只是一种奢求。在这种情况下,他们之间的关系是紧张的,因而他的爱会转移到他的爱犬身上。也有可能他是一个自负的人,他极度自恋,对他的家庭毫无兴趣。他通过炫耀他的人脉来建立起一种并不真实稳定的自我形象。只基于这一段简短的交谈,我们不能百分之百确定究竟是哪种情况,但我们确定的是他和他的孩子和妻子的关系并不是十分融洽,而这一点也正是他并未打算向我袒露的。

上述所说的在任何临时会话与没有预先考虑的情况下都适用。在双方都会心怀戒备的情况下,如谈判或协商中,一位经验丰富的专业人士不会在一开始就表露出他的真实意图,这是为了避免失去筹码,被别人占到先机。那么,我们就能得出结论:如果一个人完全无视可能会引起他注意的事物(一只五百磅的大猩猩),那么这可能就是他感兴趣的东西。

许多年前,我请一位艺术品商人到我家去看五幅画,这些画是我大姨妈去世之后留给我的。我并没有审慎调查此人,因为他算得上我朋友的朋友的朋友。静静地看了几分钟画之后,他打了个电话,然后对我说(好像是这么说的):"这些都不是什么太值钱的东西。可能这个(指着那幅画)能值几百美元。我可以把这些都放到清仓区,这样能挣几千美元。要不我出三千美元把这些都拿走,你看怎么样?"其实我对艺术不甚了解。好吧,其实是一无所知。但我很懂人性,我注意到他的眼神完全略过了其中一幅很小的画。我对此十分好奇,因为其他那些被他评价为毫无价值的画他基本都看了至少两秒钟,那这幅画是怎么回事呢?

于是,我拒绝了他的报价,感谢他抽出时间来到这里。他给出了更高的价格,我还是拒绝了。然后循环了好几次。在经过几轮谈判和几次"最终"报价之后,很明显,我认为他并不可信,还是拒绝了他的报价。他不太高兴地离开了。之后我打电话给一位艺术品鉴定者(不是经销商,而是收取费用鉴定艺术品的人)。结果,那五幅画中的四幅,包括那位商人说值点小钱的那幅,都不如它们的画布值钱。而那幅被商人刻意忽略掉的很小的画,其价值足足是他"最终"报价的将近七倍。

符号表征

一位刚生过小孩的母亲正在给她的宝宝叠衣服。只见她挑出每一件小小的、精心购置的衣服,并将其褶皱抚平,她露出了开心的笑容。她将刚洗好的衣物整齐地摞在一起,然后放进宝宝衣橱的抽屉里。她满足地微微叹了一口气,欣赏着自己的杰作,然后关上了抽屉。

通过这段经历我们可以看出:这位妈妈在做乏味的家务活的时候依然保持一颗幸福快乐的内心,这说明她心中是充满着对宝宝的爱意的。我们之所以看出这一点,是因为她用爱和关怀来整理宝宝的衣物。同样地,一个人会珍视他挚爱的父母或祖父母的物品。尽管这类物品早已过时,甚至早该被扔进垃圾桶,但这个人会将其当成传家宝一样来收藏、珍视。这两个例子说明了何为符号表征,即我们可以通过观察一个人如何对待另一个人的物品来看出他对另一个人的感觉如何。在数学中,这叫作传递性:如果A=B,B=C,那么A=C。当然,与数学不同,在心理学中这不是一条硬性规则。但我们可以将其看作一扇窗户,通过它我们能够了解他人的行为。

符号表征能够揭示一些用直接方式很难得到的深刻见解。例如,一位与她的第二任丈夫火速离婚的病人(他们的婚姻只延续了三个月)想知道她的小女儿是否适应她继父离开之后的生活。我建议她可以送她女儿一只泰迪熊玩偶,然后告诉她这是她继父送的。如果这个孩子紧紧抱住这个玩偶,这位母亲可以推断她女儿是想念她的前夫的。如果孩子对这个玩偶一点也不感兴趣,那她可以推断她女儿对她的前夫并没有什么感情上的依恋。如果她心烦意乱——对他生气,她可能会对玩偶做出破坏性行为,并将其冷酷地扔到一边,或者尝试把粘在它毛茸茸的头上的小眼睛给揪下来。再说一遍，我不是说我们应该得出一个总结性的解释，但她对待（她继父的）泰迪熊的方式会为我们指明正确的方向。

我们都是通过各种各样的语言机制来控制我们与他人之间的情感距离的。仅仅通过聆听语言的细微变化，我们就能判断出一个人是想接近我们还是想要在我们与他们或什么人之间制造出间隙。不管一段关系是刚刚开始还是久经考验，如果我们想要弄清楚它是否和谐融洽，那么这一点是很有用的。在下一章中，我们将学习一些方法，它们帮助我们在任何对话和语境中都能够快速判断一个人是热情还是冷漠，从而打牢我们的技能基础。

第3章

近距离接触

　　有时，这一种念头对我们来说并不陌生：打断某人的讲话。若是有着共同的观点，我们就会以同样的方式来看待事物，这样每个人都能听得懂对方的意思。相反地，为提出自己的看法而打断他人，可能会导致一种截然不同的结局，这往往意味着摩擦与冲突。"让我说完"这句话经常会出现在此类对话中。简而言之，由于"自我"在作祟，我们并不愿让他人介入我们的私人空间，不论是实际空间还是情感空间，在这种情况下，我们当然不喜欢被打断。

　　在《代词的秘密生活》（*The Secret Life of Pronouns*）这本书中，社会心理学家、语言学先驱詹姆斯·W. 彭尼贝克揭示了语言、思想以及性格之间所存在的联系。他解释说，即使我们与刚认识的人交谈，虚词的使用也能够反映和加固人与人之间的情感桥梁，而且表明他们愿意让我们进入他们的私人空间，并以此来增强大家之间的情感同步性。[1]研究表明，几乎在每一个领域，从工作小组凝聚力的增加到人质谈判的和平解决，虚词使用频率的增加往

往预示着积极的双赢结果。²

为了更好地说明这一点,是时候再来一节简短的原理课了。

有两类词:实词和虚词。实词是指名词、动词、形容词和大多数副词³("现金""呼吸""学习""高大""缓慢")。它们能够传达一段信息的要旨,是我们所说的主要内容所在。虚词,如代词、介词和冠词,是提供凝聚力和流畅性的语法黏合剂(如"我""在……上面""在""穿过""在……内""一个")。这些词在没有语境的情况下几乎没有任何意义,要想准确理解这些词,需要有共享的知识或相同的参考标准。⁴例如,要理解"他把它们放在那里"这句话,就需要对话双方有共同的视角,他们都应该知道"他"是谁、"它们"指的是什么,以及"那里"是什么地方。

因此,一个愤怒的人——一个对共同经历(这种经历甚至谈不上是一种联系)不感兴趣的人,在与你对话时会使用具体、明确的语言,因为你站在了他的对立面上。这意味着使用一种有着完整的主语和代词的明确句法(例如,"我告诉你不要让狗从后院出去"而不是"我告诉你不要让它从那里出去")。第一句话的意思是明确的,不需要依赖其他参考标准来理解。

在你小时候,当你的母亲叫你的全名,你就知道你惹麻烦了。同样地,和我们的另一半在一起,当我们陷入困境时,对爱称的使用是少之又少的。但如果他们叫我们"甜心"或"亲爱的"(请参阅《吉利根之岛》的重播),那么我们的处境可能没那么糟。思考下面这一对句子:

表述1:"别忘了,记得见过她回来后要把它们放在那儿。"

表述2:"别忘了,记得从你姐姐那儿回来后把钥匙放到厨房里那个面包机旁边。"

注意,第一个句子中虚词较多,相较于第二个实词较多的句子,其语气更加缓和一些。轻轻说出来,第一句话的语气就转变了,听起来可能就像一个温柔的提醒。第二句同样如此,字里行间弥漫着一种掩藏在平静之下的愤怒,就像一个人在强压怒火一样。[5] 让我们再举一个例子,你在参加公司聚会,一个酩酊大醉的同事走过来抚摸你的肩膀。正常人的反应应该是勃然大怒。(如:"把你的手从我身上拿开!""你别碰我!""谁让你过来摸我的?")在这种情况下,说话者没有给同事留出任何造成误解的余地。[6] 而一种比较顺从的反应侧面反映了一个人的性格或是其较低的地位,这种反应一般通过减少或不使用实词来达到软化语气的目的。(如:"我不太喜欢这样。""哦,别这样,谢谢。")

新的邂逅

当两个人刚刚结识,他们越是迅速建立起共同观点,就越会寻求分享共同经验,并以此来建立联系。[7]虚词使用频率的增加不仅表明每个人都试图与他人建立密切联系,还反映出他们为此付出的努力是否得到了回报。[8]让我们看一下下面这个很正常的对话,其互动方式几乎是一样的,只不过第一次交流更多地使用了虚词,第二次交流更多地使用了实词。

情景一，第一次
在一家咖啡店排队时，男孩遇到了女孩

男孩："哇，这实在是太挤了。"

女孩："是的，这里总是这样。"

男孩："真的吗？这队排得也太长了。"

女孩："确实，但起码它还在动。"

男孩："会很快吗？"

女孩："超级快。"

男孩："那太好了，因为这里实在太热了。"

女孩："确实如此。"

男孩："你在附近上班吗？"

女孩："是的，在曜俪酒店。"

男孩："哦，是在布里克大厦吗？那栋黑色的大楼吗？"

女孩："就是那个。你呢？"

男孩："我在卡尔森酒店工作。"

女孩："是那家刚开的吗？"

男孩："是的，整栋楼都很亮——"

女孩："刷满了亮晶晶的红漆。"

男孩："就是那个……下一个到我了。"

女孩："哦，祝你开心。"

这听起来就是典型的两个年轻人在排队时愉快地聊天。现在让我们稍微改变一下语言,你就会明白我们的感知变得有多快。

情景一,第二次

在一家咖啡店排队时,男孩遇到了女孩

男孩:"哇,这实在是太挤了。"

女孩:"是的,咖啡皇后这家店总是很挤。"

男孩:"真的吗?这队排得也太长了。"

女孩:"确实是很长的队,但它排得很快。"

男孩:"那太好了,因为这里太热了。"

女孩:"确实很热。"

男孩:"你在附近上班吗?"

女孩:"是的。"

男孩:"在哪里?"

女孩:"我在曜俪酒店上班。"

男孩:"你喜欢在那儿工作吗?"

女孩:"是的,我喜欢。"

男孩:"我在卡尔森酒店工作。"

女孩:"哦,那不错。"

男孩:"是的,最近刚重刷了亮红色的油漆。"

女孩:"啊,是这样。"

男孩:"下一个到我了。"

女孩:"好的,尽情享用你的咖啡吧。"

这个女孩此时表现得很有礼貌，但其心思显然已经不在和男孩的聊天上了。我们继续演绎一下这个情景：咖啡师将两杯咖啡给了女孩，女孩转而将男孩的咖啡递给他。注意以下这两种表述：

- "这是你的咖啡。"（There's your drink.）
- "我们的咖啡来了！"（Here we are!）

这三个简简单单的词可以揭示出一个富含各种信息的宝库。

- "There's（非即时性的，表示距离）your（对立、反向的）drink（具体名词）。"
- "Here（即时性的，表示亲近）we（团结的，表示一种纽带）are（功能词，依靠共同的认知）。"

当老师递回一份打过分的试卷，厨师展示一道新菜，或者建筑师铺开一张设计图纸时，"我们来看看"和"给你"之间有着天壤之别。

当我们认为一个人对另一个人心怀不满时，其中的逻辑就很清晰了。他不太可能说出"我们来试一下"这种话，除非他是想递上一杯有毒的饮料。虽然我不想夸大解读一句话的危险之处——"给你"并没有隐藏着轻蔑的信号——但能够反映亲密和联系的语言毫无疑问是一个可靠的迹象，至少，两个人之间没有矛盾丛生、恶语相向。换句话说，我有必要再次强调，"给你"不应该被理解为隔阂，而"我们来看看"可以被理解为情感上的亲近。

大家请注意！

以下这些单词和短语有什么共同点呢？

believe it or not（信不信由你）

actually（实际上）

as a matter of fact（事实上）

basically（基本上）

as it turns out（事实证明）

honestly（老实说）

essentially（本质上）

我将其称为会话中的焦点式词汇。当我们想要强调接下来的话很重要时，使用此类词汇能够有效吸引倾听者的注意力。值得注意的是，基于不同的语境，这些词也会指向两种完全不同的含义。例如，在审讯之中，审讯官意图动摇犯罪嫌疑人，使用上述这些词往往暗示出一种欺骗的意味（见第6章）。然而，当在比较随意的谈话中（非讽刺性）使用时，它们意味着这个人对此次谈话持开放和感兴趣的态度。让我们在"咖啡店对话"中加入一点此类焦点式词汇，注意它们是如何指明一种不甚明显的联系。

第3章 近距离接触

情景一，第三次
在一家咖啡店排队时，男孩遇到了女孩

男孩："哇，这实在是太挤了。"

女孩："是的，不管你信不信，这里一直是这样的。"

男孩："真的吗？这队伍长得离谱。"

女孩："是的，但它起码会动。"

男孩："速度很快吗？"

女孩："超级快。"

男孩："那挺好的，因为这里实在太热了。"

女孩："是的，我知道。"

男孩："你在附近上班吗？"

女孩："是的，事实上，我在曜俪酒店工作。"

男孩："哦，是在布里克大厦吗？那栋黑色的大楼？"

女孩："是的，你呢？"

男孩："其实，我在卡尔森酒店工作。"

女孩："那家新开的吗？"

男孩："是的，那个很亮眼的——"

女孩："刷着亮红色的油漆。"

男孩："你懂的，就是那个……下一个轮到我了。"

女孩："哦，好的，尽情享用你的咖啡吧。"

回想一下，即使在一些令人不适的情况下，比如前文所说的那位酩酊大醉的同事所做的行为，有些人也很难坚定地维护自己，将

自己的厌恶表现出来。因为这样做一般会被定义为"不礼貌"。无论是在私底下还是在工作场合，人们在人际关系中使用的语言模式也揭示了他们如何看待一段关系中的地位高低或是对于一段关系的掌控（即使是刚刚认识了五分钟）。往深了讲，人们如何看待他人、如何对待一段关系也侧面反映出他们本身的情感健康状况。在下一章中，我们将开始解读象征权力与个性的语言。

第4章

人际关系中的地位与影响力

在任意一种文化当中，有这样一条不成文的规则，那就是：地位较低的人不会对地位较高的人发号施令。当他们试图提出请求时，会尽量去柔化自己的语言，使其听起来不那么刺耳。例如，空乘人员会亲切地对乘客们说"请就座"，而不是硬邦邦地说"坐下"。常识与研究告诉我们，人的地位与礼貌程度呈正相关关系。[1]当你有求于人的时候，所使用的语言是根据请求的难易程度与两个人之间的能量差距而不断调整的。[2]一个人若是意识到有必要调整自己的请求，会从侧面显示出其较低的地位（或是缺乏安全感）。[3]我们可以通过以下十种技巧中的任意一种或几种来理解这一点：

1.加上"请"字："把盐递过来。"→"请把盐递过来。"
2.将请求变成一种询问："关上门。"→"你能关上门吗？"
3.提高语调，即在一句话的末尾提高你的语调："关上门。"（陈述句）→"关上门？"（疑问句）

4.尽量使请求看起来若无其事:"你能再待会儿吗?"→"你能再待一小会儿吗?"或"也许你可以再待久一点?"

5.为自己的请求表达歉意:"我需要你来早一点。"→"我很抱歉,但你能来早一点吗?"

6.不要将自己的请求表达得太直接:"几点了?"→"你现在能看表吗?"

7.以一种颁布规则的姿态宣布要求:与其说是请求,不如说是通知一项不可撼动的政策。"别在泳池里跳水。"→"泳池中禁止跳水。"

8.陈述事实:"把垃圾拿出去。"→"垃圾桶满了。"

9.提出一种可能:"现在把你的信用卡放进去。"→"你现在可以把信用卡放进去了。"

10.适当征询:不是直接请求,而是以"我可以请你帮个忙吗"作为开始。

适当的征询能够完全消除敌意,下文这个故事就很好地说明了这一点。我的一个好朋友是一个非营利大型组织的首要筹款人。每天他都要向人们求取几十万甚至上百万美元。有时,他还会回到同一个捐赠者那里,也就是一个月前才捐过钱的人,要求他再捐一次。尽管有些人认为这样做十分离谱,但他总能和这些捐赠者搞好关系。那么,他避免得罪他们的秘诀是什么呢?很简单。他不会直接要求捐赠者再次捐款。相反,他会礼貌地询问他是否能够冒昧地再要一笔捐款。你能看到其中的差别吗?如果他直截了当地要钱,这些捐赠者很可能会产生戒备之心，甚至会认为他忘恩负义，从而造成不必要的争执。但如果他适当地征询，这会让捐赠者认为他们处于支配地位，从而消除了防备之心。你问这是为什么？因为捐赠者可以直接否决他的征询，而不必去拒绝他要钱的请求。

如果说一个人说话时很少或不使用委婉语，那一般来说这表示他有着较高的地位（无论是实际上还是感觉上）。而将两个或多个委婉语合在一起使用，同样表明说话者地位较低或性格较为恭顺。例如，一个带有双重请求的结尾语："我很抱歉麻烦您，但我能否问一下您是否可以……"显然，说话者在有意迎合他的领导或上司。而一个人的感谢之情也有着多种表达形式，有人可能会彬彬有礼地致谢："太感谢你了。"而有人则可能毫不领情，一言不发地离开。

在谈话中涉及地位与权力话题时，必须提到尊者所言的"我们"，以避免混淆。有时候，使用"我们"可能并不表明一个地位较高的人想与你保持"你和我"的动态平衡。女主人会告诉清洁工"我们需要擦地板"，但她其实并不打算自己拿拖把和水桶。同样，在基础体能训练中，教官会这样训斥学员："趴下去！给我做五十个俯卧撑！"而不是说："让我们趴下来，我们现在要做五十个俯卧撑了。"然而，地位较低的人也可能会使用此类语言以避免做出直接的问询或请求。例如，一个秘书往往会问他的老板："我们能在五点前做完工作吗？"而不是问"我可以五点下班吗"或者"你能在五点前做完吗？这样我就可以回家了"。

沉默是金

关于权力，另一条不成文的规则是：你所说或所做的越少，你的控制力就越强。就比如说，我们常常会看到一名级别较高的官员仅仅通过手势就能向其下属或实习生发号施令，让他们动、停、坐下，从头至尾甚至不用说一句话。同样地，警察挥挥手就能使交通停止；法官抬起手指就能让辩护律师闭嘴。对他人施加影响——让他动起来或是停下来，实际上是在彰显自己较高的地位。为了实现协同合作，你需要施加的压力越少，你所掌控的权力以及控制力就越强。

一个情绪健康、地位较低的人不太可能向地位较高的人发出非言语的指令。你能想象出一名新兵在基础训练中向教官举起手示意，好像在说"等一会儿"的样子吗？

在多种场景中都能观察到这一规律。以课堂管理为例。一个受人尊敬甚至令人敬畏的老师举起她的手，好像在说："停一下。"然后全班就安静了。她不需要说话，更不需要恳求学生。这个班由她说了算，不存在什么权力斗争。当然，如果我们看到一个学生用手势要求老师停止说话或坐下，我们会备感震惊。然而，一个学生口头上打断老师的话就不那么令人震惊了，因为学生对地位差异的认识还没有糟糕到认为老师会听从一个非语言的命令。任何一个家长都会立即开始联想孩子怎么会变成这样。父母在纠正孩子的行为时所费的口舌越少，他（她）在这种父子或母子关系中的权威性就越大。如果一个母亲的严厉眼神就能让她的孩子把脚从沙发上移开，那么她和她的孩子的关系，就与那种孩子和父母之间会争吵顶嘴的关系截然不同了。即使父母多次强烈要求，他们的孩子还是拒绝完全遵从其父母的意愿，那么谁占据主导地位就十分明显了。

相应地，当一个人发现，居然有地位较低的人向他发起非言语指令，比如竖起食指，像是在说"嘘"或者"等会儿"；或是用手指指他，像是在说"嘿！你"；或者在开车时给他打手势让他减速，像是在说"听我说"。事实上，在任何交流活动之中，地位较低的人几乎不会用手指去指别人。用手指指别人这种行为暗示着一种信念、一种权威，以及对自身观点的强烈自信。你随意观察两个人之间的对话，就算你听不到他们在说什么，也会发现用手指指向别人的那个人往往是更有权力的人（或者他自认为有权力，因为他相信他有着更加高尚的道德地位）。

向内还是向外

有这样一种情景：你目睹一个人走进另一个人的办公室，她把门带上了，以防他人听到。但你却隐隐约约听到了他们的声音，以下是两种回答：

反应A："你在说什么？"
反应B："我不知道你在说什么。"

如果让你来猜一下，你觉得哪个反应表明坐在办公室的那位地位较高呢？猜错了也不必介怀，大部分人都猜不对。

答案是，反应A表明说话者有着更高的地位。心理学家詹姆斯·W.彭尼贝克解释道，虽然这有些违背常理，但更有权力的人往往比地位低的人使用"我"的次数要少。这是因为人称代词的使用能够反映出我们将心理的重心放在哪儿。[4]当我们感到缺乏安全感，变得戒备起来时，我们会下意识地将重心放在自我身上；而当我们感到力量满满，一切尽在掌握时，我们会变得以外界为中心。[5]

即使是在最简短的交流和互动中，我们对不同地位的敏锐感知也会通过细微之处表现出来。考虑一下"你应该知道"和"我想让你知道"之间的区别。"你应该知道"一般由地位较高的人说出，原因有如下两点：第一点，它以外界为中心；第二点，这是一种关于事实的表述——"你应该知道一些事情"。相比之下，第二句话暗含的信息不是你必须知道的，但它是"我"想与你分享的东西，重点是我的需求，不是你的。下面，让我们以两条简短的文本消息为例，看看如何只用短短几个词就表达出如此丰富的含义。

回答A："早上好，原谅我这么晚才给你回复。已批准，看起来不错。干得好。"

回应B："早上好。很抱歉我没有及时回复您。请接受我的道歉。我同意，我觉得这很不错，谢谢。"

第一条信息中，我们看到的是一个自认为有权力的人。她并不觉得她需要为此次延误承担责任，也没必要道歉。相反，她以一种命令的口吻要求收信者——原谅此次延误。要知道，"我很抱歉"和"原谅这次延误"之间有极大的区别。"我很抱歉"为已经造成的恶果承担责任，而"原谅此次延误"（没有加上"我很抱歉"）只不过是一种请求，并没有对个人的错误行为做出任何承认。

再看看另外一个例子。A在走廊上走路，转弯的时候不小心撞到了B，他们的职场地位基本相同。A说："我很抱歉。"B回道："原谅我。""原谅我"是一种被动式的道歉（弱化了须承担的责任），它将自己放在了第二位上（将重心放在他人身上），对听到这句话的人提出了一种请求，即"我希望你为我做点什么——原谅我"（这是一种心照不宣的权力的象征）。进一步说，你可以开玩笑地说："原谅我吧！"因为这是一种人人天生就会，却不太真诚的道歉。相反，"我很抱歉"不能以一种开玩笑式的口吻来说，除非是在一些很夸张的戏剧表演中，因为这句话中的主动语态和代词"我"，其内在就包含着一种真诚的味道。[6]

尽管这两种说法都没什么问题，而且肯定都比说"走路不长眼吗？小鬼"要礼貌得多。我们还能从他们所说的话中判断他们每个人的性格，分析他们的说话模式，以及他们之间的关系。A要么更愿意为自己的行为承担个人责任（这是心理健康的表现），要么他在心理上有些自卑，他选择迅速承担责任以避免被指责（这是心理不健康的表现）。虽然我们不能单凭这两句话就去判断一个人，但如果我们相应地对这两个人的生活进行了解，那我们就能结合这个对话知道更多东西。

如果同样的事情发生在一位四星上将与一名新学员身上，将军撞到了学员身上，我们可能惊讶地发现，竟然是将军先道歉："我很抱歉（I am sorry）。"接着学员反应过来，说："请原谅我（Excuse me）。"一名情绪健康的学员应该条件反射式地感到抱歉，然后做出一个聚焦于自我的道歉，如"我很抱歉"。但也有少数情况存在。说"请原谅我，先生"也是可以的，甚至可能又预示着学员的个人情况或性格。然而如果我们让情况变得更糟一点，比如学员不小心将饮料洒到了将军身上，那么，单单一句"请原谅我，先生"就远远不够了。

我们本以为这位学员会以第一人称的方式诚恳道歉，但他没有使用第一人称，这表明他对"地位"这个词的理解还不够，并且引发了我们对他的情感健康的调查。我们也可以依靠一种极其准确的视觉线索：一个人头部的倾斜方向。当一个人为他的所作所为而感到羞耻时，你会发现他的头微微向下倾斜。这表明他正在后悔，意味着一种让步。然而，如果他的下巴微微扬起，这表明他心里很不服气，他不太可能以道歉的方式让步。[7]你也会注意到孩子们的这些本能反应。当一个小孩子受到了责罚，他的头会低下去。同样，若是面对无中生有的编派与指控，大多数成年人也会下意识地将头微微仰起，以表示他们感到被冒犯，像是在说："你在说什么乱七八糟的东西？"

在本书的第三部分中，我们的目光将回到"事故频频"的学员们身上，并探究如何通过与他人，甚至与无生命物体的交流观察其人格类型和症状。有的人会说："我打不开窗户了。"有的人会说："窗户卡住了。"还有的人会说："窗户坏了。"这三种人的性格是截然不同的。接下来，我们将继续学习如何在特定情况下了解一个人。你会明白什么行为代表着冷静与自信，你也会懂得如何从细微之处读出别人的愤怒与焦虑。

第5章

读懂他人的情绪

一位专心致志地表演的运动员或艺术家是完美无缺的，因为当她专注于一个目标时，她的注意力只会被目前要做的事情所吸引。同样，一个自信的人能够将注意力放到外在的目标上，从而达到一种忘我的境地（包括语言意义上的那个"我"）。

毫无疑问，极度专注于自身有时也不失为一件好事。喝一杯热气腾腾、滚烫的咖啡或茶，你该如何下嘴呢？这时你的注意力十分集中，你会一点点地将杯口移动，看着杯子离你的嘴唇越来越近，接着慢慢地、试探地抿上一小口。这种行为意味着风险与利益并存。当利益不断增加时（在这个案例中，是指不想烫伤自己），一种连锁反应随之而来：自信心会降低（因为风险更高了），视角会变得狭隘（因为自我意识高度参与，我们会变得患得患失），焦虑也会增加（因为自我意识需要一种由掌控全局而带来的安全感）。这种连锁反应不单单发生于喝一杯热饮的时候。如果你知道你要找的东西是什么，那么一个人是否自信是很容易被发现的。

"自信"的心理

如果要求你沿着一条画在地上的直线行走,你能毫不费力地完成。你可能会向下瞥一眼,以此来确定你所在的方位。但当你穿过房间时,你却只会向上看或环顾四周。在这种情况下,你甚至能够轻松地接个电话,或是讲个笑话、聊会儿天。但如果让你在一条更窄的线上完成同样的事情,你的注意力就会显著提升。现在,如果将这条线置于一块木板上,而这块木板被放在二十层楼的高度上,这时你会缓慢前行,每一步都如履薄冰,对于其余事情你都毫无感应了,自然也就不可能顺便接个电话或者看看风景。此时,你将注意力完全放到自我身上,因为你的人身安全面临着极高的风险。[1] 同理,情感的安全也是如此。

如何判断一个人是心境平和还是如履薄冰呢?越是关注自己的人,越感到焦虑。让我们继续深入了解。一个人的行为有四个阶段:

1.**不自觉的无能**:一个人意识不到自己的行为是错误的。

2.**自觉的无能**:一个人能够意识到他无法掌握那些能够使他成功的技能。

3.**自觉的能力**:一个人能够意识到他应该做什么,但这种意识应该为实际行动服务。

4.**不自觉的能力**:一个人在没有集中注意力或部分集中注意力的情况下,仍然可以正确完成任务。

学习如何熟练驾驶一辆手动挡汽车也能够阐明这四种不同的标准。首先，你可能完全不熟悉如何操作，但最终你不必全神贯注就能够熟练换挡。这个操作已经融入你的肌肉记忆之中，你本能地就可以完成这项操作。肌肉记忆与程序性记忆有关，程序性记忆是一种无意识的长期记忆，可以帮助我们以最少的注意力完成某项特定的任务。我们可以在无意识的情况下自动激活这些程序性记忆。

　　同样，请注意新手与老手在开车时的区别。新手紧紧握住方向盘，依次检查每一项是否正确，当他倒车时，他会紧紧盯着挡位，头微微下倾，慢慢地松开离合，然后把脚踩在油门上。他一次只能做好一件事情，倒车的同时系不了安全带，也无法将双手离开方向盘去拧饮料的瓶盖。但当我们引入一种压力源——一场使能见度几乎为零的暴风雪，老手会怎么办呢？他会关掉收音机，双手依次放在八点钟方向和四点钟方向握住方向盘。从心理上讲，高风险会限制我们的眼界，增加我们的焦虑，使我们去重新定位自己的重心。

　　在一次与员工们的闲聊中，你注意到他们伸手去拿身边的一罐苏打水。他们会紧紧盯着自己的手，看着自己的手伸向瓶子，然后看着自己的手将瓶子移到唇边。这表明你的员工缺乏安全感，他们不相信自己竟然在不知不觉中以这样的方式做出之前做了千百次的动作。这表明一种更高程度的焦虑，一种比在一次愉快的偶遇中所显示出的紧张程度更深的焦虑。无论是在会议上、约会中，又或是审讯中，感到紧张的人往往会对他们的所做、所说十分敏感。他们的一举一动都僵硬无比，动作和姿势笨拙而机械。曾经他们无意识的行为在这种情况下都变成了一种高度敏感的行为。

焦虑的暗示

如果你曾在重压之下头脑一片空白,甚至感到窒息,那么对自我过多的关注就是罪魁祸首。若一项通常在无意识下完成的活动被有意识地打断,或是对此项活动进行反思,那么随着风险越来越大,焦虑也会随之增长,我们的认知能力也会越来越受到影响。这一切的后果是什么?——我们的表现会受到影响。

由于焦虑会将我们的注意力转移到自己身上,我们吸收新信息的能力也被削弱了。你是否曾经在聚会上见过某人,但刚刚认识转头就忘了她的名字?同样,当我们紧张的时候,我们看待事物只会看到其最表面的一层。我们的大脑忙于搜索可观察到的威胁,它在试图确定风险因素的方位,在这种情况下我们是很难去处理那些位于深层的信息的。无论面对何种风险——身体上或是情感上的,我们总会高度警惕,但这时我们用于建立切身联系的认知资源却会被转移到他处。

因此,在面对各种风险时,我们往往难以处理幽默之语,特别是讽刺之言。要识别出一句讽刺之言,我们需要意识到其表层含义与深层含义之间的矛盾。[2]我们的前额叶皮层(大脑用于思考的部分)需要将说话者的表层含义与深层含义进行整合。但由于焦虑和愤怒会使我们的大脑优先使用杏仁核(大脑的情绪反应中心),这样我们的反应速度就会变慢。在这种情况下,我们要理解一句话的含义或是要得出一个结论,就得先让我们的前额叶皮层重新运转起来。这在现实生活中会是怎样一种情形?忧虑重重的人常常听不出讽刺之言,茫然无措,赔笑连连,直到最后时刻才恍然大悟。

代表焦虑的身体表现

当一个人感到难为情的时候，他会坐立不安，不自觉地摸摸脸、挠挠头、揪揪皮肤，两条腿下意识地摩擦，以及玩弄手指头。请留意以下代表着极度紧张或恐惧的行为：

一个人的脸色因极度恐惧而变得通红或苍白，同时会伴有呼吸急促、大汗淋漓的现象。此外，注意他是否在试图平缓自己的呼吸以使自己冷静下来。如果是，那一般表现为大口地深呼吸。

声音或身体的颤抖。他的手可能会发抖。如果他刻意不把手露出来，那可能是因为他试图隐藏他颤抖的双手。他的嗓音可能会变得嘶哑，而且几乎说不出一句连贯的话。

吞咽困难——由此有了"哽咽"这个词。电视剧或电影演员经常使用这种行为来表达恐惧或悲伤的情感。清嗓子往往也代表着紧张，因为焦虑情绪会导致喉咙里产生黏液。公众演说家感到紧张时也常常会在讲话之前清清嗓子。

声音会走音。当我们感到紧张时，与其他的肌肉一样，我们的声带会绷紧，从而会产生一个更高的音调，造成走音。

代表焦虑的语言

由于情感上的焦虑会使我们把注意力放到自己身上，所以频繁使用人称代词是情感焦虑的标志之一。但不是所有的代词都是一样的。人称代词"我"（me）代表着注意力向自身汇聚，与代词

"I"是一样的,但由于其常用于被动语态,即某物作用于某人,而不是某人作用于某物,"me"象征着一种无助、脆弱的感觉,频繁使用"我"(me)往往代表焦虑感在迅速提升。例如:

"我胃疼。"与"我的胃折磨死我了。"
"你为什么大吼大叫?"与"你为什么吼我?"

由于焦虑与愤怒有着千丝万缕的联系,一种愤怒的状态也常常与"我"(me)的使用相联系。在这种情形下,人们往往会将自身看作受害者,这种心理诱使其使用"我"语言。(例:"你怎么能这样对待我?")

一种焦虑的状态也体现在对限定词的频繁使用上,这些限定词一般是对于不确定事物的犹疑表达(例:"我觉得""我怀疑""我猜测")。这些限定词的使用增加了人们的焦虑感,其常用于现在完成动词之前,这会减少说话者的信心,从而影响其判断。[3]当你知道某事是真实存在的,你不觉得有必要去向自己或他人证明你的信心。比如,要消除存在主义的困境,你不会说:"我相信我是存在的。"你知道你自己确实是存在的,所以你直接说出这个不争的事实:"我存在。"想象一下你得了皮疹,于是你去看皮肤科医生。在经过全面检查后,她递给你一张处方单,对你说"这种药会有帮助"或是"我认为这种药会有帮助"。你觉得哪一句更顺耳一点?于是我们可以得出结论:此类限定词的使用会削弱信念,而不是增强信心。

也就是说，只有在表达主观信息（如意见、偏好或愿望）而非客观信息时，此类限定词的使用会带来一种不安全或是不确定的感觉（详见第10章）。而且，压抑下的焦虑感会使解析语义变得更加困难。例如，自恋的人通常会使用语义明确而不是试探性的语言来弥补自己缺失的安全感。

为了准确识别出一个焦虑的人，你不但要观察其对限定词的使用，还要结合另外一个标志：转折词的使用（如"但是""尽管""然而""不过"）。这种语言模式与限定词一样，都强化了焦虑的存在，它们都透着一股踌躇不决的味道，前者表示动作发生之前，而后者表示动作发生之后。⁴转折词和限定词的使用都揭示了一种犹豫不决的心理。实际上，这些词的使用表明说话者是在为积极的行为制订一份逃跑计划（如："我觉得这应该不错，但我不知道……""我想这可能有意义，所以我可以试一下，尽管……"）。这不仅表明说话者处于焦虑状态，而且表明其潜在的血缘关系、特质强迫症以及面对脆弱、风险、失败的恐惧。此外，不断增加的焦虑和不安与否定词（没有、从不）和消极词（失败、坏、差劲）有关。同样一种情况，我们既可以积极看待，也可以消极应付。换句话说，一个喜欢说"有可能成功"或"我们有可能成功"的人，比那些总是说"有可能失败"或"这不太可能成功"的人要自信得多。

将特质和状态区分开来是很重要的。换句话说，你想确定某人的行为方式是因为他们本质上如此，还是只是对特定情况的反应。状态是一种暂时的感觉，它反映了我们对当前形势的想法或反应。而特质是一种更稳定的特点、思维模式、感觉和行为，因此它可以作为一种用于预测未来行为的重要依据。例如，一个具有焦虑特质的人，总是会将涉及"安全"的情况视为威胁，并倾向于表现出极度焦虑的反应。[5]一个总是为琐事操心的人也总会本能地在任何情况下都神经紧张。[6]

为了确认你是在观察一种特质还是一种状态（或者两者都是），我们需要留意频率、持续时间、强度和背景这四项指标。本书的第三和第四部分将对此做进一步说明。

恐惧令我们愤怒

一般来说，我们的自尊心越弱，尤其是令人不适的事实会对自我形象产生影响，我们就会感到越来越害怕。因为自我意识告诉我们，我们是脆弱的，并且处于危险之中。逃避反应（3F反应）是一种对感知到的身体或心理威胁做出应对的生理反应。交感神经系统激活肾上腺，肾上腺释放肾上腺素，去甲肾上腺素和皮质醇进入血液。这种激素的注入将身体的反应从前额叶皮层转移到杏仁核。在某种程度上，一个正处在气头上的人其实是感到恐惧的。对恐惧的反应其实就是自我意识在试图挽回损失的过程，也就是愤怒。愤怒提供了似乎能掌控一切的错觉，因为从生理上来说，这些物质的释放增加了意识、精力和力量。在情感上，愤怒会把我们的注意力从自己身上引开，这也会让我们产生更安全的感觉。让我们来看看以下可能会导致愤怒的各类情况，看看这些情况是如何以一种近似的方式发展下去的。[7]

- 有人开车突然挡在了你的前面（催化剂）。→你失去了对局面的掌控，为了避免车祸，你不得不转向或猛踩刹车。→这种情况让你感到害怕，脑子里不停地想"可能会发生车祸了"。→然后你可能会将怒火发泄在其他车主身上。
- 你的孩子拒绝穿上她的保暖夹克（催化剂）。→你觉得你管不了她了。→你会感到害怕，担心她不尊重你，不听你的话。→你会对她发火，因为她没有听你的话。
- 一个人对你很无礼（催化剂）。→不管他是谁，这种对你不尊重的举动都可能让你怀疑自身有什么问题。→一定程度上，你可能会感到害怕，担心他不喜欢或是不尊重你，这会导致你对自我价值、自我形象产生怀疑。→你会生气，因为你不希望别人以这种方式去对待你或是看待你。

我们对于掌控感的需求有时也会延伸到那些与他人无关的情况。例如：

- 在黑暗中，你被一把椅子绊倒了（催化剂）。→突发意外，你失去了控制，这意味着由于一次摔倒，你本该从A点走到B点的计划被打乱了。→这导致你又开始担心，因为你可能会受伤。→然后你心生愤怒（有趣的是，一些人生他们自己的气，或是生椅子的气，可能会通过踢椅子来发泄怒火，甚至他们可能会责怪那个把椅子放在这里的人）。

从逻辑上说，怒火不会带给我们身体上或心理上的满足感与舒适感。它是自我意识对于危机感的保护机制，然而我们的情感失控了，这导致我们每产生一种由强烈愤怒所驱动的想法，或是每做出这样一种行为，我们的情感都会更加脆弱。

代表愤怒的语言

他说他很愤怒，但可能他只是在演戏。她写信跟你说一切都好，但你却感觉她在暗自生闷气。他们可能是在谋划着什么。即使一个人很生气，也不意味着他会大发雷霆。每个人的独特性格都会影响他的行事风格。[8]

果断攻击型（战斗）：这种人会选择直接将自己的愤怒宣泄出来以达到控制局势的目的。他清楚自己很生气，而且敢于直接表露出来。

消极攻击型（战斗—逃避）：这种人的愤怒会在细微之处体现。他清楚自己很愤怒，但无法进行直接攻击，因此他往往会在暗地里进行他的行动。

抑制型（逃避）：这种人不会有意识地承认自己生气了，所以他会压抑情感，以此来告诉自己他一点也不生气。

固定化（冻结）：这种人会将自己的愤怒深深掩埋起来。他感受到自己的无力，他封闭情感，以此将自己和痛苦分隔开来。他觉得他能够将整个世界都拒之门外，他是安全的，他认为一切尽在掌控。

投降型（逃避）：这种人认为坚持自己的观点是不值得的，甚至根本没必要那么做。

从语法上讲，较多使用第二和第三人称代词标志着说话的人处于一种愤怒的状态。[9]记住，第一人称是以"我"为主的视角。第二人称是以"你"为主的视角。第三人称是以"他""她""他们"为主的视角。

当你生气时，你对于代词的转换是清晰可见的。在情感上，愤怒的作用是引导、掩藏或以其他的方式将我们的注意力从自己身上移开。这时我们所使用的语言也是同样的道理：使用的代词由"我"到"你"，这意味着毫不掩饰的敌意，生气的情绪尽显无遗。[10]

而且，生气的情绪也会导致我们使用更多的"me"式语言，尽管对代词"I"的使用频率可能没那么高。代词"me"通常用来表达被动（某事或某人作用于我），一个生气的人会将自己看作（某种力量的）受害者，认为他们遭受了不公平或是不应有的虐待。（如："你怎么敢这样对我？""这怎么可能发生在我身上？"）之后，他们会提出更多的问题，这些问题往往以提问的形式出现。（如："你怎么回事啊？""你对我做了什么？""你在哪里学会打字的？"）在这种情况下，人们也会较少使用合作性代词（如"我们"），说更多的脏话、否定词（没有、从不）和消极词（失败、损失、仇恨）。[11]

毫不掩饰的愤怒（果断攻击型）很容易辨识。如果有人冲你大喊大叫或是直接责骂你，你能够很清楚地感受到他们愤怒的情绪。但愤怒并不总是被这样表达出来。事实上，它有时会被压抑下去（有意识地封锁不必要的想法或冲动）或是被完全抑制（下意识地阻止）。限定词和转折词的缺失、具体名词的增加、虚词的减少都是检验潜在敌意的可靠指标。因为愤怒能为我们壮胆，这种情况下使用的语言也一定是毫无余地、十分明确的。就好像是一种醒目的颜色，而并非一种柔和的颜色。如果限定词和转折词的使用表明一种焦虑的状态，那么它们的缺失就暗示了一种愤怒的状态。语言学分析表明，一个潜在的敌对者对限定词和转折词的使用都会减少。请注意下面第一句话是如何渲染出一种真实的愤怒的，而第二句话的语气看起来就很中规中矩，甚至有些滑稽可笑。

表述A：我对你很生气，因为你甚至觉得偷拿我的东西是理所应当的。

表述B：我觉得（修饰语）我对你很生气，因为你甚至觉得那样对我是应该的，尽管（转折词）……

不加限定的语言意味着一句话里具体名词会增加，虚词会减少。[12]一个正在气头上的人会使用直截了当、清楚明了的语言，因为她不愿再引起其他的误解，索性直接将话挑明。这意味着她所说的话里会带有明确的代词和专有名词（如名字和地点）。例如，她会说："我跟吉姆说了三遍让他不要让会计进入商务套房！"而不是说："我跟他说了好几遍别让他回那里。"第一句意思明确，毫不含糊，任何人都能听得懂。

正如我们所知的那样，一个人在愤怒状态下，其自我意识是高度参与的。对于那些我们讨厌的人或物，我们可能一句话也不愿对其多说，不管说话的语气有多么平静，笑脸有多么灿烂，在这种情况下往往都会有一种潜在的怒火正在慢慢酝酿。

在面对面交流中，微笑是一种最常用的表情，因为它可以很好地掩盖一个人生气、厌恶、悲伤、恐惧的情绪。换句话说，一个不想暴露自己真实感受的人往往会摆出一副笑脸示人。一个真诚的微笑能够让整张脸都明媚起来。如果一个笑容是被强挤出来的，那么这个人的嘴巴会下意识紧闭，而且其眼部和前额都会纹丝不动，类似于一个人没有领会到笑话的笑点，但为了掩饰尴尬她还是会假装觉得这很好笑。这就是所谓的"抿嘴"一笑，而不是一个大大的露齿笑容，像是整张脸都在笑一样。

正如我们在第一部分学到的，涉及一个人的想法和感觉，你很难判断其真实的意图。有些人尽管看上去不靠谱，但他们其实很真诚。还有些人说他们并没有骗你，但其实他们连自己都骗，而且他们自己都相信了自己的话。在本书的第二部分中，赌注更大，战术也更加犀利，因为它完全就是透明的，这就是你和他们的对决。但问题来了：他们是能将后背完全交给你的兄弟，还是一有机会就偷偷戳你刀子的小人呢？

PART 2

人形测谎仪

你在跟一个坏人打交道吗？还是在跟一位操纵人心的老手，或是一个彻头彻尾的骗子打交道？在接下来的章节中，你将学会如何轻松分辨一个人是想帮你还是想对付你。不管是在情感、经济还是身体上，你都能够给自己和你爱的人最好的保护，让他们不会被那些惯骗、惯偷欺骗感情或是钱财。掌握这些技巧，你再也不会被欺骗、利用啦！

第6章

判断一个人的诚实度

每当你跟动机鬼祟的人交谈，你应该扪心自问：这位老兄会对我敞开心扉，与我来一场真心实意的谈话吗？还是说他在耍我或是有什么我不知道的小心思？为了搞清楚这些，我们先来了解一下博弈论，还有由以色列经济学家阿里尔·鲁宾斯坦创造的游戏——最后通牒游戏。鲁宾斯坦邀请完全随机的路人来参加这场游戏，他将参加者分为若干组，每组两人，这两人都是初次见面，而且都不知道彼此的名字。他给每组人一百美元，并且指定每组人的其中一个为分配者，分配者可以任意选择这一百美元的分配方案。另外一个人可以接受或拒绝分配者的分配方案，如果接受，他们可以按照分配方案带走这一百美元，如果拒绝，那两人一分钱也拿不到。[1]

鲁宾斯坦精准预测到对钱有分配权的人往往会给自己更多的钱，而给另外一个人留下更少的钱。几乎每组都是如此，并没有什么意外出现。有趣的是，后续的研究揭示了如何通过对单一行为的观察来预测另外一个人同意此分配方案，或者说完成一场协作的概率。

研究人员录下了接受者听到不公平的分配方案时的面部表情。经过分析发现，这些接受分配方案的人，在面对不公平待遇时，表现出更加丰富的面部表情。[2]换句话说，如果他们并不喜欢这种提议，他们不会摆出一副扑克脸或是假笑脸来隐藏自己的不满。他们会将不满写在脸上，尽管他们甚至已经接受了这个提议。[3]研究表明，情感的表达是合作成功与值得信赖的重要标志。[4]

这项研究促使我和我的团队就另外一种衡量一个人是否乐于合作的方法进行了实地研究，实验证明其具有不可思议的准确度。如果一个人描述她当前的行为，那么这是一个强烈的信号，表明她想要进行一场开放式的对话。例如，一位同事进了你的办公室，当她舒服地坐下时，同时她会大声说"让我先回到自己的位置上""好的，我先坐下"，或者"我先打开这瓶饮料"。尽管她的一举一动都是一目了然的，但她的这种对自身行为的描述表明了她渴望拥有一种坦诚相见的关系，这与她乐于合作而不是寻衅的性格也是相一致的。[5]

同样，注意父母、老师或保姆是怎么逗小孩玩的。一段对于事物的描述是必不可少的，因为大人试图通过这一点来与小孩建立联系。"让我们打开这个盒子……哦，这是什么？我一推它的肚子，它就吱吱叫！"仅凭直觉，我们就能发现大人在试图与孩子建立一段亲密的关系。想象这一幕场景：大人一言不发，拿出各种玩具，在沉默中布置好各种物品。除非他是在给孩子准备一个惊喜，否则我们会感觉有点不寒而栗。是的，就是这种距离感。因为自述是为了让我们在周围的环境下感到舒适，所以在有些场合下，自述看起来就有点奇怪，甚至有点可疑。你不必在执法部门工作都能看出以下这种行为是多么古怪：一个嫌疑人走进警局的第一句话居然是"好的，警官，让我先把衣服脱了，把自己安顿一下"。尽管我们认为没有恶意的人在对话中应该会更加坦率，但在刚刚接触之时，心存戒备也是理所应当的。

非言语性的应激反应

你可以轻而易举地发现一个人是否对某个特定话题感兴趣，因为你能发现她在谈及此话题时坐得离你更近了。当和有好感的人交谈时，我们会不自觉地坐得离他更近，或是身子下意识地向他的方向倾斜。然而，如果某人对话题感到不适或是不感兴趣，她的身体往往会面向出口位置，或是已经在向出口方向移动了。如果她是站着的，那么她通常会选择背对着墙。请注意她是否会用一些垫子、花瓶之类的东西来刻意遮挡你的视线，使你们之间无法对视。这种行为的含义与她亲口说"我不想谈这个话题"基本等同。大部分情况，由于其迫于场合无法随便离开，这种行为基本代表着她在表达自己的不满情绪。

同样的道理，我们在说谎的时候通常会下意识地遮住自己的眼睛，或是在言语表达中很少主动说"我"，或者不自觉地摆出一副戒备性很强、难以沟通的样子。大部分具有代表性的肢体语言都能给我们一个启示：坦率而不做作的姿势一般都意味着自信。如果人们坐着的时候手臂、大腿都紧贴身体，浑身紧绷，那么他们大概率心中有鬼。

当感到舒适、浑身都充满自信时，我们倾向于伸展四肢，以占据更大的空间。当心神不定、缺乏安全感时，我们恨不得将四肢都压缩到身体里，只给自己留出一点私密的空间。

引入刺激源

以上所述千真万确。但肢体语言实在太容易作假，若是不能面对面交谈，只凭肢体语言判断一个人完全是不切实际的。为了完善你的判断，你需要引入一个情感上的刺激源来使事件微微升温。[6]你的目标就是提出一些模棱两可的问题或是似是而非的表述（这些问题或表述并不直接指责某人干了某事）来让人感到你在暗戳戳地含沙射影。如果他确实听不懂你在暗示什么事情，那他可能真的对此一无所知。但如果他感觉被冒犯到了，那么他可能知道你在扯什么东西，而这恰恰证明他有做这件事的嫌疑。

怀疑：交通主管怀疑公交车司机在开车时喝酒了。

提问："约翰，我想让你给我提点建议。我一个同事发现另一班车的司机好像有点问题。她觉得那个司机好像在开车的时候喝酒了。你觉得她应该怎么处理这个司机？"

如果约翰确实喝了酒，他应该会感到浑身不自在。如果他并没有在工作时喝酒，那么他应该很乐意为主管出谋划策，并就此问题提出自己的建议。如果他回答："有人对你说了什么吗？""你为啥问我这个？"这就表明他对此问题十分关注，但这还不足以证明他确实干过此事。但你可以继续加大刺激，让他的情绪升温。你可以直接指责他在工作时喝酒，这可以让他直接进入自我保护状态。

对指控的回应

一般来说，真实的回应是简短直接的，而不是复杂冗长的。如果某人不否认对他的指控，或是在暴风骤雨般的漫骂下仍然说不出否认的话，那么这就是一种代表着欺骗的强烈信号。令人信服的否认应是直截了当的。（如："不，我没做过。"）然而，如果否认的话中掺杂着诸如"你怎么能问我这种事情呢"或"这太疯狂了"或"你问问认识我的人，我绝对不会这样做的"或"你怎么能质疑我的诚信"之类的话，那么其嫌疑程度就大大提升了。倒不是因为这些人的大声嚷嚷引起了怀疑，而是因为他们的回应中基本没有彻底直接的否认。被冤枉的人渴望拿出真实的证据来证明自己是清白的，他们没有任何理由对直截了当的否认弃之不用。而撒谎的人，为了避免自己感到内疚，通常会使用一些似是而非的话来进行否认，他们难以堂堂正正地做出回应。

所以重点是，如果一个人没有杀他的妻子，你不会想听到他爱他的妻子、他绝对不会这么做、他不是怪物或疯子等诸如此类的话。如果一个老师没有虐待他的学生，你也不想听到他从未伤害过孩子、他不是变态、学校里的所有人都爱戴他等诸如此类的话。如果你的员工没有偷公司的东西或是你家的保姆没有伤害你的孩子，你更不想听她说什么"每个人都爱我……我的名声无可挑剔……我不是坏人"。他们以上说的这些可能都是真实无误的，但前提是这些话是被包含在他们对指控的直接否认中（在简短清楚的否认之后）。这些人的回应应该以他们的行为为核心，前后保持一致，清楚无误地进行否认，而不是只是为了证明他不是能做出这种事的人。[7]

当我们谈到否认时，请记住，并非所有的否认都是一样的。"我否认这些指控"与"我没有做过此事"是不一样的。对于一项指控的否认意味着此人拒绝承认有罪，但这并不是直接否认他没有做过此事。令人信服的否认应该是一句明确的"没有"，只有单纯的否认才算得上真实可信的否认。同理，承认某事也是如此。

顺着这种思路继续思考，如果某人在故意拖延时间，那往往表明她缺乏坦率，因为她需要为自己争取时间来考虑她的选择、构思她的回答，或是完全将话题转向他处。在这种情况下，她可能会让你把问题再说一遍，或是自己喃喃低语，再将问题重复一遍，或是让你将问题说得具体一点，或是用一个反问来回答你的问题。例如，当你面试一个保姆时，你可能会问："你曾经打过你照顾的孩子吗？"以下是一些带有危险信号的回答：

"这是个好问题。"或"我很高兴你问起这个。"

"说实话……""坦白说……"或"告诉你真相吧。"

"好吧，其实这不能用简单的'是'或'不是'来回答。"

"你知道的，我坚决反对这种事。我认为这种人应在道德上受到谴责。"

此类回答还有一种极其普遍但又惹人厌的形式："我为什么要对你撒谎呢？"如果你在指控之后得到了这种回答，你应该提高警惕并有所怀疑了。如果某人被指控他做过某事，那他可能会为其准备一个绝佳的借口。在任何情况下，如果你认为你被欺骗了，最好不要马上就去与他当面对质。如果是你错了，你会伤害你们之间的关系，并且使别人立即进入自我保护状态，这样你很难进一步得到更多的信息。

谎言的力量

由于说谎要比说实话耗费更多的精力，骗子们常常会借助一种捷径，他们会尽量用一种不必进行深思的方式来表达自己。注意以下四种代表欺骗的危险信号，如果听到或看到其中任何一个或多个标志，你就有充分的理由去怀疑他们是否在骗人：

自命不凡地高谈阔论，像是个哲学家一般
经常做出自我标榜性的表述
说话弯弯绕绕
谈话之后神色放松下来

自命不凡，高谈阔论

任何表述，不论是书面的还是口头的，如果在一开始就大谈公平正义，那显然会给人们带来疑问，除非此人是在认罪，这种表现才符合人们的预期。注意他一系列像是哲学家一般的自言自语，包括这样的话："那不可能是这样的。""现在的孩子们不懂。""这不是我记忆中的国家。" 他们这一系列行为背后的心理是下意识地为他们的行为寻找内在的理由，并得到你的肯定，同时意图把自己表现为一个有道德感和正义感的人，有着健全健康的价值观和理想。

自我标榜性的表述

所谓自我标榜性的表述就是一个人会将他们之前所说的话用作参考，这也是欺骗的一种危险信号。在写作中，人们会使用"正如我所写的""如前所述"之类的话来避免传达错误信息。因为撒谎是要耗费更多脑力的，所以直接引用前面所说的话就比再撒一个谎要简单得多。在对话中也是如此。你可能会听到一个人一直在用"像我之前说的那样"或"我之前回答过了"这样的话。一般来说，一个骗子更倾向于一直重复一些词或一些话，让她所编的故事更加流畅，也减少听者的认知负担。[8]

讲话弯弯绕绕

诚实的表述通常会使用更加复杂的句子结构，因为为了保证准确性，我们需要对句子结构做出区分——使用"除了""如果不""但是"等词汇来让句子层次分明。一个说谎的人是很难使用这些词来进行描述的，因为他要在描述他所做的事和所发生的事的同时，还要留意他没做的事和没有发生的事，一个人的认知能力很难支撑其做到这一点。

让我们看一下一个产品评述的示例。一个评述越令人信服，其中就越可能包含许多更长更复杂的句子。为什么呢？因为评述者为了确保他的意见真实无误，通常会对所说的话进行限定。比如，他不会说"它是自切片面包之后的最佳产品"，而会说"在许多方面，它都称得上继切片面包之后的最佳产品，除了尺寸给人感觉有点过时"。请注意一个关键的区别。骗子们倾向于使用冗长费解的句子，这种冗长指的不是句子结构上的复杂。他们所说的话弯弯绕绕，里面充斥着一堆无关紧要的细节和不相关的内容，而没有撒谎的人讲话直接明了，即使其句子结构比较复杂。

谈话过后的放松

说谎要耗费精力，所以在谈话中当一个话题结束，请注意那个人是否神色突然放松了下来，看起来好像很高兴。此时，他可能会露出一个浅浅的微笑或是神经质般地大笑几声。注意他的姿势。他是否变得更加放松或是戒备性没那么强了？我们要观察的迹象就是看他的情绪改变是否剧烈，这暗示着他可能对先前的话题感到无所适从。可以试探他一下，看看他是否会很快地将话题转移。如果他被指控干了什么坏事，而他又是清白的，他一定会对这种指控表现出强烈的反感，并坚持立刻进一步探讨这个话题，或是在不久的将来再做讨论。他所表露出的不单单是一种意愿，而是一种强烈的渴望，希望洗清自己的冤枉。有罪的人往往希望赶紧换个话题，或是直接结束对话；而清白的人则希望进一步交流信息，以洗白自己。

　　尽管单一的肢体语言出了名地不可靠，特别是那些我们可以刻意控制的动作，但有这样一种情况，我们常常忽视，也正是因为它，我们才能轻松地管理我们的肢体语言。在下一章中，我们将学习一个人在有防备和无防备下所表现出的姿势是如何反映出其真实的想法和打算的。

第7章

如何识破一个人是在虚张声势

极具影响力的心理学家威廉·詹姆斯写道:"我们不是因为开心才笑,而是因为笑才开心。"大量研究表明肢体语言不仅反映我们的思想、感觉、行为,而且影响它们。精神和肉体在共同作用下形成了所谓的具身感知,这解释了我们如何看待我们的各类姿势、手势,如何产生了大范围的几乎是即时的认知和行为变化。在一项研究中,参与者被随机要求摆出伸展姿势(舒展四肢,占据更多空间)或封闭、受限制的姿势。那些仅仅摆出伸展姿势一分钟的人不仅在心理上感到更加强大、自信,而且表现出与之相一致的行为方式,他们也有着更强的行动意愿。[1]在另一项研究中,随机分配的受试者们被要求在填写模拟工作申请表时瘫坐在座位上或是保持身子直立。当要求受试者们对自身进行真实无误的自我评价时,后一组的人认为他们比那些无精打采的人更有能力。[2]

在不经意的观察中,我们往往能从一个人整体的举止行为来看出他的自信程度。这是因为我们假定他的行为与他的思想是一致的。换句话说，如果他低下头往下看，那他的情绪可能是低落的。但我需要强调的是，这种情况只适用于不设防备的互动之中。不论何种情况，在一个人认为他处于被监视的情况下，这种假定就不成立了，比如在谈判中，或是在争权夺利中。因为他很可能是在演戏。当一个人在互动中始终持有戒备之心，那么肢体语言往往会产生误导作用。然而，正是这个原因让我们获得了一种巨大的优势，让我们从技术的层面来看待这种心理。

苹果公司的错误

苹果iPod首次问世之时，它附带了一项相当受欢迎的功能，名为"随机播放"。在这种模式之下，我们播放列表中的歌曲是随机进行播放的。问题在于，真正的随机并不总是那么随机，使用者总是会听到同一首歌连续播放，或是重复循环某几首歌曲。与此同时，至少在相当一段时间内，其他歌曲几乎不会被播放到。如果掷一枚硬币，随着时间的推移，其正面向上和反面向上均衡出现的可能性会越来越大，但我们也可能会得到一大堆正面向上或是反面向上的数据，像是哪里出了问题一样。之后，苹果公司引入了一项新算法，使其播放列表变得更加具有随机性，这项算法是根据我们对于随机性的预设来播放歌曲的。这是一项很不错的创新，因为它能让你听到所有播放列表中的歌曲，但购买者也需要明白，看上去十分完美的歌曲分布，其随机性实际上是人为的。

第 7 章 如何识破一个人是在虚张声势

这就给我们出了个难题：如何分辨一个人是不是在虚张声势呢？与苹果公司一样，虚张声势者需要去伪装出一副看起来真的像那么回事的样子。与真正的随机性一样，真相往往看起来也没那么像真相。让我为你解释一下这种心理学原理，比如，你给某人看了一些关于犯罪现场的吓人照片，而她并没有做出什么特别反应。你可能会想，这个女人缺乏同情心，没有礼貌，也更可能是她本身犯了罪。然而，正是因为这种心理，犯罪的人会故意表现出他对此的厌恶。因为在他看来，正常人看到这种令人不适的图片就应该会有如此表现。但这不是说一个清白的人不会有类似反应，只是说她觉得没必要去这样做。

我们再举个例子。一对夫妇发现他们的小女儿不见了，他们会感到心慌意乱，并可能互相指责对方或指责自己没看好女儿。（如："我就不应该让她去她那个朋友家。""我怎么就让她自己下车了呢？"）这类表述一般表明其无罪。犯罪的人几乎不会因为他们身负罪孽而去承担责任。在他们看来，他们最不应该多此一举，把自己暴露于公众视野。清白的人一般不会刻意隐藏他们的愧疚感与自责感。他们如果做了错事，一般会很快开始自责，因为他们本可以以另一种方式做成某事。

带着这种意识，我们现在就能够通过观察一个人的表情管理，以及几乎每个人都会犯的普遍错误，来判断一个人是不是在虚张声势。[3]

在有防备的交流中

孙子在《孙子兵法》中对虚张声势这种行为进行了提炼:"故能而示之不能,用而示之不用,近而示之远,远而示之近。"如果一个人在虚张声势,他会不断调整别人对他的印象,传达出一种"合适"的效果为自己的计划服务。反过来说,真诚的人并不关心他们给别人的印象如何,他们也不在乎自己的形象如何,这一点与那些善于欺骗的人恰恰相反。善于欺骗的人只关注别人是如何看待他的,并且他们会耗费大量精力去塑造某个特定的形象。但问题在于他总是演得太过头了。他的"算法"失效了。

虚张声势就是指某人其实反对某事却假装出一副支持的样子,或者他其实支持某事却假装反对它。因此,当一个人在唬人的时候,他常会表现得好像一副无所谓的样子,但实际上他对此很上心;或者他其实并不关心某事,却装出一副很上心的样子。在任何情况下,他总是会试图给别人制造一种错误的印象,用以掩饰自己真正的意图。关键点在于:任何情况下,虚张声势的人总是习惯性地用力过猛,你可以通过观察某人表现自己的方式很快发现他是否在虚张声势。

一个律师事务所的合伙人说他将要离职,除非让他接手某个案子。他是在故意唬人还是要说到做到?如果他说的是真的,他一般不会刻意去表现出自己的自信。然而,如果他是在虚张声势,我们可以轻易地嗅到一种过度自信的味道。当然,这是因为我们必须先假定既然他还在公司,他就是想留在这里的。只有在得不到他想要的东西时，他才会"被迫"离开。从逻辑上讲，他宁愿留在这里，去争取他想要的案子，也不愿一无所获地离开公司。如果他表现得对"如果得不到案子，我就离开"这个想法过于执着，你可以认定他是在虚张声势，因为我们都清楚他并不是真正想要离开，他只是在故意营造这种印象。

"我认为，这位女士抗议得太过了。"这句话出自威廉·莎士比亚的《哈姆雷特》，是格特鲁德王后观察到剧中一个角色过度且不真诚的表演时所说的。这句话告诉我们，一个人过于激烈地去宣告、强调某事，这往往是在掩盖真相。人们可能会摆出一副强硬的姿态，因为他们知道如果有一天他们不得不为自己的立场辩护，他们就会溃败。有人说，最容易推销的人是那些门口挂着"不欢迎推销员"牌子的人。其理由是，这些人内心深处知道，如果推销员真的与他们交谈起来，他们最终还是会掏出钱购买其推销的东西。

同样，如果上文提到的那位律师不是在开玩笑，只要他拿不到那个案子他就会离职，那他的神情就会显得很勉强，甚至十分抵触。他可能会这么说："我很抱歉，但我确实需要这么做"或"这件事恐怕没有什么商量的余地"。这个人的话是在给他的竞争对手留点面子，而不是为他自己提供一种庇护。

你没必要去到处宣扬真相，因为待到时机成熟，真相自会显现。带有"恐怖""吓人"字样的万圣节展览是吓不到任何人的。如果你已经到了能读懂这些词的年纪，你就会明白它们只是对于预期影响的一种糟糕替代品。强调性的声明，也被称为过度表达，通常表明一个人有积极的印象管理行为。试想一个嫌疑人，嘴里声称他"百分之百无罪"，或是说出"绝对、完全肯定"这种词，你会觉得他没有嫌疑吗？人们通常会使用这种词来塑造一种自信的形象，但如果我问你是否抢劫过银行，你可能会说"没有"，而不是说"我很确定，我从未抢过银行"或"我保证我从未抢过银行"。

不装腔作势的人通常看起来更严肃，而且更不容易情绪化。如上文提到的律师，如果他不是在虚张声势，那么他应该知道到最后他还是要离开的。但如果他是在虚张声势，那就不会发生任何事，因为他根本就没想过要离开。这两种态度是完全不同的，这也让我们能够弄清楚他到底是在装腔作势还是会说到做到。顺着这种逻辑，如果有人威胁你，那他宁可失败，一般也不会真的做出什么不好的事，因为他想要得到某物，想要得到更多。换句话说，一个人说："把X物给我，不然我就要做Y事了。"这句话表明，他的首要目的是得到X物，其次才是做Y事，不然的话，这种对话也不会出现了。

著名威胁评估专家加文·德·贝克尔解释道，一个人越威胁别人，就代表着他越绝望，而不是说他想要做出他威胁的那种事。[4] 威胁者想要对事件施加影响，但很难产生预期效果。于是他会诉诸威胁的手段，给他人施加压力，但威胁通常意味着至少在目前（或是之后）他更倾向于言语上的恐吓，而非行为上的伤害。[5] 一个人说得越少，他向你输出的观点就越少，那么我们就可以判定他可能是要玩真的，他真的会那么做。

整个世界是一场作秀

为了更好地理解其中所蕴含的心理学原理,思考一下人们一般是如何约束自己的。一个自尊心极强的人不会到处宣扬他有多么伟大。而没有安全感的人才会表现出极强的优越感,甚至是傲慢与自大,他所做的一切都是为了弥补他对自身的感觉,那种强烈的不安。事实上,他试图表现出的是一种虚假的自我。一个对自身能力缺乏自信的人站在其自身的立场同样会试图弥补那种自卑感,从而描绘出一种理想的形象。过犹不及的行为是吹牛者的一个明显特征。他会不断地使用绝对性很强的词来重申其立场。对自身观点具有自信正如对其自身具有自信一样,都是不言而喻的。只有感到不安的人才会向我们反复强调他很自信,因为这是让我们得知其很自信的唯一途径。

当人们在打扑克或是在现实中假装自信时,他们会有意识地去控制其表露出的自信程度。因为我们常把自信与冷静挂钩,所以我们会观察到有些人会故意做出一些明显的动作,用来塑造一种轻松的形象。比如,执法人员都知道,有的嫌疑人可能会打哈欠,表现出一副他很轻松、镇定,甚至是无聊的样子。如果这个人坐着,他可能会懒洋洋地舒展他的手臂,尽量占据更多的空间,似乎是在证明他对他目前的处境感到轻松舒适。或者,嫌疑人可能会忙着从他的便裤上捡线头玩,以显示出他正专注于一些琐碎小事,对于指控之类的事更是毫无担忧。唯一的问题(对有罪的人来说)是,被冤枉的人会表现得极为愤慨,他们不会关注此类无关紧要的小事,也不会试图塑造出所谓"正确"的形象。

　　虚张声势这种行为通常是实时发生的。但当我们听到一件已经发生的事情时，我们该怎么办呢？幸运的是，欺骗性的表述会留下语言的印记，在下一章中你将学习如何区分一个人在对话中的表述是完全真实的，还是完全编造的。

第8章

编故事：一种托词

假如你正在面试一位应聘者，她跟你讲了一个她之前老板的故事，这是她编造的吗？假如你质问你的孩子为什么没在学校，他振振有词，给了你一份完美的托词，你该不该信他？有些人能够编出极具迷惑力的故事，讲述时饱含激情，各种细节一概不缺，但可惜这都是他们编出来的。为了学会如何区分实话和谎言，我们将先从细节处入手。

表述的结构与细节的本质

在测谎时，口头或书面陈述中能被肯定或排除的细节是最容易让人迷惑不已的。实际上，许多经验丰富的专业人士认为富含各种细节的故事大概率是真实的，然而也有人坚持认为一个真实的故事或表述应该只围绕着相关事实，其他所说的任何细节都是在试图误导他们。纠结于细节的各种困惑都是由几个相互交织的细微差别造成的，我们可以将其归结成三个主要因素：

意义:细节与整个故事或陈述的关联度如何。

比例与落点:细节在故事的哪个部分出现?它们是以怎样的一种方式出现的?从分量上看,陈述者花了多少时间来描述这些细节?

整合:细节的层次如何?它们是否处于合适的环境与语境中?

一般来说,细节与事实的相关度越高,看上去越逼真,其指向真实的可能性就越大。相比之下,欺骗性的表述中更可能包含着大量不相关的细节,而且欺骗者很难把握好细节之间的平衡,也就是说,他提到了一大堆毫无意义的细节,但这些细节却占据他整个陈述或证词的一半。最后,即使满足了上述两个条件(细节相关度高、生动逼真),我们也必须考虑这些细节于整体陈述而言是否合乎常理。

要理解细节的本质,就需要一定的语境。所以让我们回顾一下语句的结构。常识告诉我们,一段真实的陈述应该是连贯的,而且应该逻辑通顺、前后一致。但若是涉及创伤性经历,情况就不是这样了。这个人的记忆越强烈,我们就越难期望他的逻辑从头到尾都保持通畅。情感引导着我们的回忆,而最激烈的一面会率先涌入我们的大脑。这是因为肾上腺素将我们的记忆锁在了特定的位置(这也解释了我们为什么总会轻易记住侮辱或是赞美的话语——3F反应开始产生作用,肾上腺素的释放强化了记忆)。[1]

尽管如此,当一个人说真话时,其对于事件描述的开头部分一般不会有太多细节,除非这些细节非常关键,对于整体描述都有重

第8章 编故事:一种托词

要的作用。一个欺骗性的叙述往往在开头就会有大量不相关事实的堆积,因为:第一点,欺骗者试图为自己塑造做事一丝不苟、注意细节的人设,以博取我们的信赖;第二点,欺骗者的故事中会有许多真实的元素,因为在"犯罪"和说谎发生期间和之后,细节需要被重新整理,这样真相就会因之改变,所以在陈述开头去仔细回忆相关细节是相对安全的,因为其不必担心听话者直接就把事实真相弄清楚。

请记住,不请自来的细节——那些当事人在没有被提示或询问的情况下提出的细节——应该简明扼要,并且符合背景,这意味着它们与重点直接相关,而不是离题甚远。例如,说歹徒有"古龙水的气味",这是可以的。不必要的添油加醋则会让其看起来疑云重重:"他身上有古龙水的气味,闻起来像是便宜货,五美元一瓶的那种。我不知道为什么会有人喷这种东西。"你觉得这种表述是真实的吗?可能是。与重点有关系吗?没有。而且我们要再次将创伤性经历与非创伤性经历加以区分。这种创伤越直接、越猛烈,我们所期望的细节就应越简明、越有说服力。然而,如果此人只是告诉我们发生了什么,尽管让人印象深刻,但并不让人痛苦难忘,那么她可能只是在叙述中添油加醋了。尽管如此,当事人越是情绪化,他所经受的痛苦越多,我们所得到的不必要信息就越少。

继续往下看,事情发生的主要部分往往是情感表达最充分、最全面的部分,但在谎言中这一部分往往只是一掠而过,或是被大幅删减。如果中间部分,也就是叙述的核心部分,跟开头或是结尾一样短,那么我们可以基本确定这是在骗人。但就其本身而言,就不好说了。我们总是会希望一段叙述中条理分明、各部分均衡。

最后，就像在富有挑衅性的谈话或是审讯中一样，一个犯了事的人乐于看到话题的切换与对话的结束，一个写了假话的人同样对谈话结束十分积极。因此，欺骗性的表述往往缺乏清晰的事后复述。当然，在充满感情与伤痛的叙述中，我们应该感受到的是其中鲜活的情感以及对此的反思，但对骗子来说，这一点却是最难编造的。他需要编造的不单单是发生了什么，还有其对他的影响，以及他在那时那刻所感受到的一系列情绪。

更难的是，在撒谎的同时他必须去否定或者适应另外一种现实——真相。他叙述的开头可能能够紧贴现实，叙述的主体部分则需要一些微微的调整，但结论对撒谎者来说是极难编造的，因为他们不相信这是诚实叙述的关键因素，所以对于结论他们往往会选择一句带过，尽可能快地结束话题。因此，几乎每一个编造的故事都会以高潮的一幕结束，而对之后发生的事情进行最低限度的描述。

最后，对那些以"这就是我能告诉你的全部了""我不知道还能说啥了"或"差不多就是这些了"结尾的表述，你需要多加警惕。如果一个人主动跟你说他真的无法告诉你更多了，虽然不能百分之百肯定，但他大概率是在骗你。试想一下：如果一个人真的不知道其他有用的东西，他应该不会再说话了。然而正是因为他还知道一些东西，他会有一种紧迫感，他认为需要让你知道他真的不知道更多了。这是一种细微但是相当显著的迹象。

第8章 编故事：一种托词

澄清和明显的断言

上述所有因素都能指向欺骗，但撒谎的一个重要标志是某人对多余的细节进行修饰，尤其是如果他澄清了一个我们可以看到是由明显动机驱动的细节。现在请你思考一下下面这段陈述：

"我想，我是在早上七点醒来的……不，也许差不多是七点零五，因为我真的很累，我需要多睡一会儿。然后我下楼去吃早餐，因为我前一天晚上没怎么吃东西，所以我很饿。我做了两个——不，是三个，我现在想起来了——鸡蛋和两片加黄油的吐司。"

这一段表述没有很多相关细节。澄清他起床的确切时间和吃了多少个鸡蛋，然后继续解释这些行为背后的理由，这是再明显不过的欺骗迹象。这个人之所以添加叙述，是为了给你提供他行为的合理动机，解释他是一个考虑周到、有逻辑的人，他的行为是理性的。他起得晚是因为他真的很累。他吃了这么多早餐，是因为他前一天晚上没吃多少东西。他是一个合乎情理的人，做的事情都讲得通，所以他并没有做错任何事！

一个人愿意大声质疑自己的言论，其背后的心理也是极其有益的。他极度渴望让你相信他是一个诚实可靠的人。所以，他会努力回忆，保证回忆的细节尽量准确。如此，你就会明白，如果他确信他告诉你他吃了多少片吐司是准确的，那么对于其他事他也会知无不言。当然，如果他撒了谎，那对于其他事他同样会撒谎。所以他叙述的准确程度就体现在这些无关紧要的细节上。需要明确的是，如果他对所有的细节，包括相关的和不相关的，都进行了限定，那就无法得出他撒谎了的结论，只能说他（可能是神经质的）喜欢追求准确。这种情况往往发生在那些喜欢讲话，热衷于分享、社交、谈话的人身上，或者是一个人对于指控毫无辩驳之意或是在互动中感受不到丝毫的冒犯之意，这也是有可能的。

总的来说，一段陈述中应该包含相关的细节，无关紧要的细节不应占据一个人陈述中的大部分篇幅。要确定一句话是否真实，下一步就是要检查细节的本质。我们需要分析四种关键要素，以区分事实与谎言。

生动的描述

真实的话语中更可能包含对于人们交流的生动描述，而且几乎能将其中的任何对话都复现出来。真实的话语中还会有对空间的清晰描述，即这个人在哪里，与其他人或物存在怎样的物理上的关系——同样，其中还会有表示时间和动作的词语。例如，对于一段对话的准确复述应该是这样的：

"约翰问我：'你为什么在发抖？你怎么了？'"

"我转过身直接冲他大喊：'你为什么跟着我？'他只是盯着我看，一句话也不说。"

多重感官

细节越层次分明，比如一个人的感觉越丰富，不是只停留在这个东西看起来怎么样这种层次，而是包含它闻起来怎么样、听起来怎么样、对它感觉如何，才越可靠。如果一段叙述中包含这些细节，毫无疑问，它的真实度相当高。例如，一段包含这种多重感官的对话是这样的：

"我转弯的时候，太阳照到了我的眼睛，我正好撞到了他的身上。"

"她打翻了她的大马克杯，滚烫的咖啡洒到了我身上。"

第三方视角

如果一个细节中存在其他人的言语或观点，我们就能得到证明其真实性的另一层佐证。假如你问你朋友昨晚她去哪儿了，她告诉你她工作到很晚，但你对此并不相信。所以你试图从她口中撬出更多信息，你问她晚餐吃了什么。以下是两种她可能做出的回答：

"哦，我不是很饿，所以我回了家然后和我室友看了会儿电视。她做了意大利面，但我没吃，直接上床睡觉了。"

"哦，我不是很饿，所以我回了家，看了会儿电视。我室友对我不吃饭的行为感到很惊讶，尤其是我居然连她最拿手的意大利面都没吃。她说：'你这真是头一回。'"

这两种回答中的信息看似相同，但第二种回答却暗含深意——室友的视角。我们的直觉可能认为第二种回答更具有可信度，比第一种回答更真实。当然，叙述中不包含他人视角也不一定代表这个人说了谎，但如果包含了，其真实度就相当可靠了。

情景的转换与否定

只要我们谈论的是非创伤性的事件，说真话的人回忆时脑海中就会像过电影一样出现一幕幕场景。而说谎的人则不得不一幕接一幕地编造所发生的事情，所以它更像是一系列的图像或图片连在一起，最后再形成对真实事件的印象。

如果你去回想你昨晚干了什么事情，你可能可以记起一系列事，情景之间是衔接的，一环扣一环。如果你去细想你昨晚做的事的细节，可能你的叙述就没那么流畅了。你可能会进行所谓的"情景分块"，你会去具体回想你做了什么——"我回到家……吃了晚饭……看了会儿电视"。但当你从一个动作转到另一个动作时，你不太可能对这两种情景之间所发生的事情有所关注。所以当显露出的细节只能解释已发生的事情而无法说明未发生的事情时，其说服力更强。

为阐释这种心理洞察力，我们来看看史上最伟大的侦探小说。阿瑟·柯南·道尔于1894年出版的《福尔摩斯回忆录》是一本短篇小说集，其中包含了《白额闪电》，讲述了一匹著名的赛马在一场大型比赛前夕神秘失踪，以及其驯马师被谋杀的故事。

> 格雷戈里（苏格兰场警探）："还有什么其他奇怪的事情吗？"
> 福尔摩斯："那只狗晚上很奇怪。"
> 格雷戈里："那只狗晚上什么也没做啊。"
> 福尔摩斯："这正是奇怪的地方。"

福尔摩斯解开了这个谜题，因为他意识到罪犯肯定是不想让狗叫的，于是这只狗真的没叫。于是他得出结论：罪犯认识这只狗，而这正是狗没叫的原因。在这种情况中，确切的线索不是真实存在的东西，而是一些不存在的东西。一个说谎的人谈及某些他并没有真实经历的东西，总会致力于将整个故事说得清清楚楚。他的思维明显受初级思维支配，只停留在最表面的层次。

否定不会是一个人的首要想法。如果我说"不要想象大象"，你可能就会立马开始想象一头大象。这是因为要完成我的请求，你需要首先去想到你不应该去想的东西——一头大象。[2]所以分享一段你从未有过的经历就需要你先去想象出这样一段经历。这意味着你会去思考什么事情有可能会发生，而对不太可能发生的事情，你就不会花费太多精力去想。问题是：我们如何将真实经历中没有发生的事情与谎言中没有发生的事情区分开来？很显然，谎言之中不会出现近乎无限的细节。所以答案就是，注意叙述中所谓的嵌入式冲突（如"延误""困难""中断"），因为编造的陈述很可能不会包含这些元素。例如：

- "回厨房的时候我打翻了花瓶。"
- "我把爆米花烤焦了，因为我把微波炉的功率调得太高。"
- "他试了三四次才打起火来。"
- "他为了冲到前面，把半杯咖啡都洒到自己身上了。"
- "她的手抖得很厉害，甚至连钱包都打不开。"

以上都属于所谓的嵌入式冲突，说谎的人很难去编造此类细节。如果你并没有去做爆米花或是并没有去厨房，"你烤煳了爆米花"和"打翻了花瓶"，此类想法（否定的例子）就需要说谎者进行更深一层的思考才能出现。值得注意的是，有这样一种例外情况：当某人使用嵌入式冲突（如用汽车发动机坏了来解释延误，或用打翻了花瓶来解释地上为什么有玻璃）来使编造的故事逻辑性更强时，我们是乐于见到此类冲突出现的。

托词的终极克星

你是否想过把某人连到测谎仪上，看看他是否说了真话？通过我在《再也不被欺骗》（*Never Be Lied to Again*）中首次介绍的技巧，你只需问几个简单的问题就能立即发现他的话是否属实或是他的托词是否只是一派谎言。[3]

比如说，一个女人怀疑她的男朋友并没有据他所说的那样，跟

第 8 章 编故事：一种托词

他兄弟在影院看电影，而是跟一群朋友去城里狂欢作乐了。她只需简单地问他是否真去看电影了，就能迫使他只能做出肯定回答——"是的"。因为如果他真的在影院，他肯定会说"是的"，但如果他并不在那里，为了圆谎他也只能坚持说"是的"。而有了此类托词的技巧，她会问两个问题来确定事实究竟如何，并引入一种编造的"事实"。例如，她会首先问："你看了什么电影？"接着可能会问："哦，电影是什么时候开始的？"然后她会编一些话来试探他，如："哦，我听说那个时候好像由于水管破裂，路上的车都堵了。"接下来，她只需要静静坐下然后看他如何回应就可以了。

她男朋友面临一个明摆着的问题。如果他没去看电影，他不知道是否应该顺着他女朋友的话说下去，因为他女朋友口中的这场"意外"可能并不存在。而如果他说交通并不拥堵，但实际上堵车确实存在，那她也能得知他其实并不是在看电影。不管他怎样回答，与所有撒谎者一样，在面对这种难题时，他们都会产生相同的反应：犹豫如何回答这个问题。记住，要是他确实在看电影他会立马回答："没堵车啊。你在说啥？"但由于他不在影院，他不确定是否真有堵车这回事，所以他会犹豫，而这样正好将他暴露。另外，不论女友说了什么，他可能都会顺着她的话说下去，尽管可能会回答错误，因为他不知道她是否在诈他。让我们回顾一下这种技巧：

你先问两个确认性的问题，然后引入你独有的细节。重复一遍，你的这些细节必须是编造的。如果对方只确认了某些真实发生的事，那你就无法得到你不知道的信息了。

你的细节必须合乎常理，否则，对方会认为你是在逗他玩。

你的细节必须是能够直接影响到对方的事件，所以他才会对此有直接了解。

如果他犹豫的时间过长，或是扯开话题，又或是给出了错误的回答，那么你可能就了解不到真相了。我再一次强烈建议你，不要依靠单一、孤立的手法。在这个例子中，可能他的犹豫代表他正在努力回想那晚发生的情形究竟如何。

提醒一下，如果某人的回答脱口而出，像是提前预演过一般，那很有可能他早已预料到这个问题，并且花时间精心准备，来让他的故事毫无破绽。如果对于很难回忆的细节他都能够信手拈来，那这就是他提前做过准备的明显标志。例如，你问某人两个月前的某天她在哪里，她回道："我去上班了，五点半下班，在东区餐馆吃饭，吃到七点四十五，然后就回家了。"或者想象一下一位警探正在讯问一名嫌疑犯，如果这名嫌疑犯能够记起他两年前的某天在干吗、在何处，那他就很有问题了。我们绝大多数人甚至都记不清昨天早晨吃了什么！

守口如瓶或是撒一个善意的谎是一回事，而为了个人私利去主动利用他人又是另一回事。我们都知道有些人能说会道，善于操纵别人，有些人则是欺骗成性。好消息是，他们的手法、策略是可预知的，只要你知道他们的套路，你就能轻松预知、反击他们的下一步操作。在下一章中，你将学习到如何扭转战局，不再轻易被利用。

第9章

交易的名堂

骗子们都是误导人的高手,而误导刚好是魔术中的核心元素。[1] 与任何优秀的魔术师一样,一个善于骗人的人不仅能够将我们的注意力转移到他们所希望的地方,而且能将他们的花招与引人入胜的故事配合起来。他们心知肚明,讲一个天马行空的故事比白纸黑字的谎言更具说服力。

诺贝尔奖得主丹尼尔·卡尼曼解释道,人有两种思维模式:模式一是我们与生俱来的,我们在下意识的情况下一般会采用此种模式思考,因此用这种模式思考速度很快,通常也很情绪化。模式二分析能力更强,逻辑更严密,因此运转速度较慢,需要我们有意识地去思考,并且会耗费我们的精神能量。[2] 看到一个故事,我们的模式一会自动激活,这表明我们倾向于接受其表面价值。而骗子们的任务则是阻止我们切换到模式二,在模式二中,我们可以理性地处理当下发生的事情。根据情况的变化,骗子会使用大量心理战术,这些小把戏不仅利用了我们的善良,而且利用了人性本身。

骗局中的操纵

让我们看一下骗子是如何进行冒名顶替骗局的,这种骗局是美国最普遍的诈骗形式之一。为了迅速且不容置疑地得到被骗人的信任——为了兜售他们编造的骗局——骗子们会试图让被骗人更容易受到影响。他们的手法通常遵循以下模式:

树立权威→让被骗人震惊万分→增强可信度→开始编故事

1.树立权威。一个故事的可信度取决于讲故事的人,所以这就是为什么骗子们总是声称自己有可靠的消息来源,自称权威人士(如"政府官员""彩票公司的高管")。作为孩子,我们被教导遵从权威是正确且必要的。作为成年人,我们常常被有权有势的人吓倒,理所当然地认为他们就是智慧、同情心以及善良的化身。因此,我们自然而然地相信,他们会把我们的切身利益放在心上。我们需要他们的专业知识来服务于我们的利益,所以我们不会轻易质疑他们的指令和决定。然而,即使是在这种遵从与理性、常识相悖的情况下,我们往往也会选择遵从权威。

著名社会心理学家罗伯特·恰尔蒂尼博士解释说,权威的象征——头衔、华贵的衣物、特有的标志会影响我们的行为,导致我们下意识就去遵从他人。他引用了这样一项实验:实验人员假扮成一名医生在电话里开药,药物剂量巨大,危险性极高,结果百分之九十五的护士都选择服从了这项指令。护士们无视了医院的政策

（禁止医生在电话里开药）和她们自己的判断（这种剂量明显是不安全的）。研究者得出结论：护士们的智力在遵从此项指令时像是瘫痪了一样。[3]

2.让被骗人震惊万分。当我们心不在焉或身处重压时，我们会去相信一些极度可疑的说法。[4]比如，宣称你违法了，或是激动人心地告诉你中了大奖，或是告知你得到了一个千载难逢的机会。一个老骗子会试图用极度的恐惧或兴奋来麻痹你的大脑。这是因为强烈的情绪实际上会使前额叶皮层——大脑的逻辑中心关闭。同时，肾上腺素分泌，影响我们的大脑将控制权从前额叶皮层（大脑的思维中心）转移到杏仁核（大脑的恐惧与焦虑反应中心）。这样我们就无法清晰地进行思考，也无法做出理性的决定了。

3.增强可信度。你还没来得及去质疑其真实性，骗子们会迅速说出他们已知的关于你的真实信息。当我们听到两条以上这种稍微调查一下就能得到的信息时，我们就会倾向于接受其接下来的说辞。[5]其过程可能是这样的：

"我是国税局的史密斯探员。是布朗先生吗？"
"是的。"
"你住在河巷123号，最近出国旅游了，是吗？"
"是的。"
"布朗先生，你有大麻烦了……"或者"我有一些好消息要告诉你！"

如果此类对话是当面进行的，那么毫无疑问，官方样子的文件会在手边。我一直都很惊讶于我们的意志会如此轻易地被此类印刷材料动摇。只是因为某人递给了你一张名片或是指着一份彩色图表当证据，我们就会轻易相信。但这不代表他们所说的就是真的！

4.编故事。现在，他们开始编故事了，同时再次强化他们的权威性，并强调你不遵从他们要求的后果。他们的逻辑一般是这样的：如果你按照他们所说的做，他们可以解决你的麻烦（或兑现他们的承诺）。

如果他们催促你迅速做出决定，并且将你的注意力限制于"事实"的一角，你就要尤为警惕了。语境决定一切，不要迷失在他们所编的故事里。花点时间去评估他们所给出的信息，这会让你热血冲头的大脑冷却下来，并促使你的思维进入模式二当中。

"联系"骗局

经验丰富的骗子可能在他开始编故事之前就已经成功骗取你的信任了。为了做到这一点，他会用一些小把戏强化你对他的信任，进而加深你们之间的情感联系。毕竟，"con artist"（骗子）中的"con"是"confidence"（信任）的简写。出于人类的天性，我们倾向于去相信那些喜欢我们或是我们喜欢的人，并随后受到他们的影响。

第9章 交易的名堂

你很像我，你喜欢我

两个性格相反的人会相互吸引，这种论断其实是错误的。实际上，我们会更喜欢那些跟我们很像，与我们有着相似爱好的人。[6]我们可能会因为看到一个人与我们十分不同而觉得他很有趣，但相似之处和共通之处才会让两个人产生相互的喜欢。要知道，物以类聚。

与这条法则类似的是"战友"原则。共同经历过重大生活变故的人们之间会产生一条坚实的纽带。例如，并肩奋战的士兵或是一同被捉弄过的兄弟会成员之间都会建立起深厚的友谊。即使两个人并没有共同经历过某事，但只要有着相似的经历，他们之间也会产生一定的联系。因此，两个素未谋面但有过一段相似经历的人——不管是得了病还是中了彩票，就能立刻成为朋友。正是这种"她懂我"的心理让彼此之间产生了温暖的感觉。在最初的交流中，你应该会懂这种感觉，当你被问到你的爱好、家乡、观念、爱吃的食物等，你会略带震惊地脱口而出："我也是！这也太巧了！"或者一个人主动透露出某些信息。如："真是一块好表。我也有一块一模一样的。""那只狗真好看，它让我想起那只跟我一起长大的狗。""你今天看起来和我过得差不多。"

有句话是这样说的："吹捧不会使你捞到任何好处。"这句话错得不能再错了。事实上，它能让你得到许多未曾设想的好处。一项研究表明，绝大多数人渴望得到赞美，就算我们被一个陌生人称赞，我们也会对其表现出强烈的好感，甚至我们知道他的奉承之词可能有着不可告人的目的，我们仍会如此。[7]难道这意味着你必须对所有赞美之词都多加警惕，然后将其假定为一种恶意的动机？当然不是。但你需要注意，奉承的话会干扰你的评估与判断。

在一定程度上，我们都很容易上当受骗，但当我们缺乏对吹捧之词的免疫力时，我们就更容易被骗。在《自信心游戏》(The Confidence Game)一书中，作者玛丽亚·科尼科娃写道：

什么样的人容易上当受骗呢？这与每个人的个性无关。相反，它与一个人的境遇有关。意思就是，你是什么人在骗子眼中并不关键，关键的是你可能碰巧处于生命中的低谷期。[8]

她解释道，当我们情感的恢复力受损时，我们理性与判断的认知防线就会降低，这时的我们尤为脆弱。当我们感到孤独、经济拮据，或是身受重创、生活遭遇巨大变故时，我们受骗的风险是最大的。[9]

换句话说，我们绝不能小看心理影响的力量。比如说，当我们身处危机之中，我们总会找个人来说说话，分担自己的焦虑情绪。我们的头号情感需求就是与他人保持情感上的联系。不论是身体上还是情感上的痛苦都会使我们感到孤独，而这种孤独再次使我们的痛苦加深。当我们与别人建立情感上的联系时，我们不再是孤单一人，我们的痛苦会随之缓解。由于迫切渴望解脱，我们变得太容易失去理智。由于我们太愿意去相信骗子那一套口蜜腹剑，所以我们会对真相视而不见。

即使我们此时的逻辑已然混乱不堪，事实也不再合理，但我们的自尊会驱使我们走向深渊。我们紧紧握住那一丝希望，为骗子的成功而不断努力。是我们自己出卖了自己。当我们（又一次）对失败的恐惧激发自己相信他的意愿时，他就不再需要向我们施加压力了，因为我们自己就能给自己施加压力。

排除骗局，为什么理性的人有时候却会做出非理性的抉择呢？为什么我们会心甘情愿地做赔钱买卖呢？正如每一个炒股高手所建议的那样，当我们愿意让情绪来影响我们的决定时，我们就要开始赔钱了。如果投资者戴上眼罩，无视经验教训，将自己的一切精力都放在如何尽可能回本上，我们会称之为"抢着赔钱"。一旦我们在某事上投入了时间、金钱与精力——无论是暴跌的股票、注定会破裂的关系或是一份没有前途的工作，我们的坚持堪称顽固，简直可以说是不撞南墙不回头。我们总会沉浸在沉没成本误区：我现在绝不能退出，不然我将会失去我所投入的一切！这种被误导的献身行为无非是一种拖延战术，是拒绝承认我们需要做出改变的苦果。

说谎的关系

回归正题——骗局。不论你是跟他只聊了五分钟还是已经认识他五个月了，你都会暗暗想：这个人真的懂我。但你们之间的情感纽带如果没有达到骗子想要的强度时（不论他想从你这里得到什么），他会用"信任"来编织最结实的大网，从而让你顺从。

信心与信任的区别是很大的。比如，我们有信心解决某事，或是有朋友会助我们渡过难关，但我们不免会忧虑、困惑。然而，当我们充分信任某人，消极的想法就不会再充斥我们的脑海。我们不会沉湎于担忧，担忧结果如何。信任是一种思维过程，是清白的历史自然产生的结果。这就是骗子为什么一定要取得你的信任。总有一天他会让你做一些毫无意义的事情，如果你信任他，你会毫不犹豫地照做。下面要讲的就是他如何建立起信任的过程。

信任的催化剂

当一个人主动分享她的隐私时，这会产生两种心理影响。首先，分享会激起自然而然的信任。如果一个人对你敞开心扉，你会想：如果她信任我，那我也应该信任她。我们不会将其假定为一种恶意动机。我们会想，她的情感可能很脆弱，她需要倾诉，需要一个倾听者。也就是说，如果一个人对你过早地吐露心扉，再结合一些其他的策略，这可能是在试图强行与你产生联系——这会给他们一种心理上的动力——已经用某种方式获取了你的信任。

这就激发了第二种心理影响：你感动得不能自已，也想对此做出回应，因为只有这样才公平。如果某人给了你某物，如时间、信息或是一个礼物，你往往会心生亏欠之情。绝大多数销售人员都知道，如果他们在你身上花了很多时间——为你展示产品、演示其工作原理，即使你自己都不太清楚你是否想买它，你都会觉得有义务买下此物。同理，一个人向我们分享她的生活片段，如果我们不以同样的方式回应之，我们就会感到不安。

恰尔蒂尼描述了一位顶级销售员的不道德做法，这位销售员推

第9章 交易的名堂

销的是一套昂贵的热激活火灾报警系统。他以一场简短的消防知识测试开启了他的入户推销,当房主们都在匆匆写下他们的答案时,他总会说他把一些非常重要的信息落在了车里,他要去拿过来。"我也不想打断这场测试,"他会补充说,"所以你们介意我出去一趟再回来吗?"恰尔蒂尼指出房主们的回答一般都是这样的——"没问题,去吧。"而一般情况下需要给他一把钥匙让他自己进来。[10]允许某人独自进你家是一种不言而喻的信任:我信任他,因为我允许他独自进入我家。他肯定是值得信任的,难道我还能是一个不折不扣的傻瓜不成?这种行为本身在潜意识中植入了这样一种念头:这个销售员是可以信任的,我们听从我们所信任的人。

在第一部分和第二部分,我们学习了如何在特定情况下解读他人的行为。了解我们面对的是什么样的人将有助于我们预测他们的行为,并在必要时对其加以引导。在第三部分中,你将学会如何评估一个人的本性,以及如何识别支配型人格和控制型人格。你也会学习如何确定一个人精神是否异常以及其病象的发展轨迹。换句话说,如果一个人的精神开始出现问题,那么其精神疾病是以怎样的方式表现出来的?这些病人是会成为攻击性很强的掠夺者还是精神脆弱需要呵护的猎物呢?

PART 3

拍摄心理快照

穿透人们的公众形象，抵达他们的内心世界，你就会知道是什么促使他们进步，又是什么让他们后退。找出他们最深层的价值观和核心信念，是这些价值观和信念塑造了他们的欲望、恐惧和不安。比别人更了解他们自己，并由此形成更好的自我认知。

第10章

窥探人格与心理健康

尽管人格类型不是一个临床或科学术语,但大多数人将这个概念理解为一个人日常的行为或是他们的性情。他们通常是放松的还是高度紧张的?他们是有主见的还是跟风行事?如谚语所云,他们倾向于把半杯水看成半空还是半满的?前沿语言学家和临床精神病学家沃尔特·温特劳布(Walter Weintraub)解释说,我们所说的"人格"是一种处理内部和外部压力的概念,至于其如何运作,是完全可以观测的。[1]

当一个人受到某种程度的压力时,这些特征会更加突出。在那一刻,他们的防御机制开始运作,他们的语言模式立刻变得清晰可辨。从广义上讲,一个更具支配性的人格倾向于将恐惧和焦虑从自己身上转移出去,而一个顺从型人格的人通常会将其内化、吸收。例如,在某一情况下,一个人可以选择用几种方式来表达愤怒:

语句A:"我打不开窗户。"

语句B:"窗户卡住了。"
语句C:"窗户坏了。"

  每一句都从不同的角度阐述了同样的现实,用不同的措辞揭示了说话者如何看待自己、如何构建自己的世界。第一句"我打不开窗户"是典型的以自我为中心,可能是顺从型人格所说的。第二句"窗户卡住了",它是一种对外在的关注,代表了说话者的主导型人格。这些反应都不能表明一个人情绪是否健康(总体而言)或是否焦虑(在这种情况下)。它只能揭示这个人倾向于承担还是推脱责任。需要再次提醒,在确定一个人的性格之前,我们希望观察的是一种句法模式而不是一次性的陈述。

  然而,第三种语句比其他两种更有启发意义。在此例中,这个人认为她打不开窗户不是因为她没有能力或者窗户处于暂时的"被卡住"的状态,而是因为:第一点,责任在于窗户;第二点,它绝对一直处于损坏的状态。在本书的后面,我们将讨论为什么给窗户贴上这样的标签——坏了而不是卡住了,这会给每个人的情感健康打上一个问号,当一句话中出现形容词和状语强调成分(如"该死的窗户完全被打破了"),如果一个人长期使用这种句法模式并习以为常,那我们就要提高警惕了,因为这可能是病态的体现。

  同样,第三个回应变得更加令人担忧,她的无助变成完全的屈服。换句话说,窗户处于不可修复的"打破"的状态,其更广泛的含义是她认为自己永远没有能力,并会说出类似"我就是打不开窗户"或"我永远打不开窗户"这样的话。

追踪精神疾病

尽管我们不能认为语句A和语句B哪个更能反映一个人精神状况健康与否,但它们确实暗示了得精神疾病这样一种潜在途径。

心理障碍通常分为自我不协调性与自我协调性两种类型。自我不协调性的心理障碍指那些让一个人心烦意乱、不舒服的行为、想法或感觉。一个人不喜欢也不想拥有这些行为和感情,这种情感的叠加作用让他更想要寻求治疗。自我不协调性障碍问题通常是情绪障碍(也称为情感障碍),包括抑郁症、双相情感障碍和焦虑症。这些疾病中的每一种都有一系列症状和体征,这取决于患者和患者病情的严重程度。患者倾向于思想消极、沉思和自我关注(在某些人格类型中,还有敌意和冲动)。他们通常对日常压力过度敏感,容易沮丧和不知所措,情绪反应激烈,这使他们难以清晰地思考和应对压力。情绪或情感障碍往往源于顺从型人格。

另一方面,人格障碍是自我协调性的,这与一个人的自我形象和世界观相一致。人格障碍包括边缘型人格障碍、反社会型人格障碍和非边缘型人格障碍。从个人的角度来看,他们的思想、行为和感觉都是他们身份的一部分。[2]即使其他人都认为他们患有某种疾病,他们也拒绝自我审视,并会认为其他人都有问题,而不是他们自己。就像你可能会从我们所讲的内容中猜到,患有人格障碍的人一般都属于支配型人格。

简单回顾一下，下面的流程图显示了心理健康的衰退，虽然其不能完全确定，但在统计上存在一定的可能性。

顺从型（如顺从、相互依赖）→情感障碍（如焦虑、抑郁）

主导型（如敌对、攻击、多疑、残忍、控制欲强）→人格障碍（如自恋、反社会倾向）

情绪和地位的交叉结构

当我在第4章中提到那位易出现情绪问题的学员时，我想说明的是，每当人们的互动与他们的地位不一致时，我们能洞察到的不仅仅是他们的关系，也会了解到他们的性格和精神状况。将一个人的情绪合并到等式中会使我们的评估更加精准。

情绪是自尊的影子，会暂时扩大或削弱我们的视野，这会影响我们如何看待世界和我们自己。[3]如果一个人说话做事都与他的情绪吻合，临床医生将其称为"情绪一致"，这无法体现出什么。当你心情好的时候——自信满满并且掌控欲强（虽然可能很短暂）——你通常会对周围的人更加友好和尊重。此刻，你感觉自己是"完整的"，你可以将意识转移到周围的环境。

随着我们情绪的恶化，我们很容易变得情绪化，变得不那么乐于助人。我们可能只会对那些自己所需要的人表现出善意或尊重，而其中并不包括那些需要帮助的人。在这样的状态下，我们的挫败感自然会增加，心理承受能力也会降低。如果我们能够轻松地克服自己情绪上或是身体上的痛苦，并将注意力转移到他人的幸福上，那么这就是情绪健康的可靠标志——当我们带着耐心和同情心这样做时，就更是如此。

那么，如果把个人地位也考虑进去呢？一个地位较高的人心情并不好，但他努力将自己的焦虑情绪放在一边，以满足他人的需求，即使他并不"需要"这么做。这表明他的情绪健康处于最佳状态。这种大度可能包含礼貌地说话和微笑（温和的行为）或是直接表达同情的行为。如果这个地位较高的人（心情不好）表现出生硬或粗暴的举止，这实际上没有教育意义或启示性。为什么呢？因为这就是所谓的"情绪和地位一致"。尽管这时无法正常体现出情绪健康，但确实属于"正常"范围。

同样，我们应该期望一个地位高、情绪积极的人保持礼貌、亲切的举止；再说一次，这种行为并不能说明什么。然而，令人不快的态度和粗鲁的行为标志着一种敌对的性格，说话刺耳或表现出侵略性则意味着一个人的情绪不稳定。事实上，极其痛苦的原因可以归结于"坏情绪+低自尊+高地位"。你会看到人们极端的愤怒，并且依据他们的性格，要么是被动产生的，要么是主动的愤怒。如果他们的高地位身份只是暂时（如"客户"），并且没有其他发泄不满的渠道，情况更是如此。对他们来说，一个利用权力的机会即使稍纵即逝，那也十分重要，是一定不能错过的。

无论我们心情如何，我们的自尊心越强，我们就越被驱使做出负责任的行为。但是当自尊心变弱时，自我上升，我们的情绪会对自己的行为产生更大的影响。想象一下，小孩子情绪波动很大——突然发脾气，爆发出无意识的兴奋。那些根据他们的地位以及他们当时的感受来行动和反应的成年人，往往自尊心较弱。一个地位较低的人情绪失控的程度——说明了一个人的情绪健康状况。痛殴上级指挥官或骂老板比在与他们交谈时不说"请"或"谢谢"更严重。

低地位和积极的状态能够确保一个人拥有礼貌和亲切的行为——重申一遍，这是因为情绪和地位的一致性。在这种情况下，粗鲁的行为表明一种具有过度侵略性、支配欲强的性格。情绪和状态的偏离表明了一个人真实的特征，也加固了我们的性格和语言印象。

当然，一个人的讲话可以反映他的心情或在当时那种情况下的兴奋。情绪困扰与急性病痛一样，会自然地将我们的注意力引向内部。那么我们的语言可能生硬、缺乏风度。同样，按照逻辑，溺水的人会大喊："救命！"或者是："救救我！"而不是："很抱歉打扰你们，好心的人们，如果你们不介意的话，请扔给我一根绳子，我会很感激。"这个人的互动和交流可能会给人一种有权力或高地位的印象，而实际上，他们感到很无助、脆弱。

再次强调，这就是寻找行为模式的重要性，而不仅仅是孤立地看待事件。记住：频率、持续时间、强度和环境决定了你观察到的是一种状态还是一种特征。

地位高，情绪消极	地位高，情绪积极
不礼貌，举止生硬，没有教育启示意义。愉快和感同身受的行为表现出坚实的情绪健康。	礼貌，行为愉快，没有教育启示意义。令人不快或粗鲁的举止是敌对性格和情绪不稳定的信号。
地位低，情绪消极	地位低，情绪积极
礼貌和泰然自若的行为表明情绪的偿付能力。不礼貌或生硬的举止表明情绪健康轻度受损，粗鲁或侵略性的行为表明情绪更不稳定。	礼貌，行为愉快，没有教育启示意义。令人不快或粗鲁的举止是敌对性格和情绪困扰的信号。

解读一个人的核心本质

通过微妙的语言暗示和偶遇，性格语言的泄露也存在于细微的层面上。只要我们有固定的权力层级（如"经理/员工""上尉/士兵""教师/学生"），较高和较低的地位动态都是相关的。除了这些情况，环境也很重要，因为地位是不断变化的。换句话说，在任何特定的情况下，"地位"这个词是与老板相挂钩的。坐拥热门商品和众多"粉丝"的卖家是有优势的，因此在这种情况下，她拥有更高的地位，即使在其他情况下她并没有权力。相反，服装店拿回扣的售货员"需要"买主，因此地位较低。在这种混合中加入语境的重要之处在于，正是当地位被暂时授予或完全中立化时，一个人的本性——无论是支配还是顺从——才能不受阻碍地显现出来。了解环境可以让你更快地建立心理档案，帮助你预测你所观察的人的精神疾病发展轨迹。

联系者VS对抗者

我曾经和我的理发师有过一次难忘的谈话,他告诉我,有时候顾客会心不在焉地不付钱就离开。如果他大声喊"你没付钱"或"你忘了付钱",他会感到十分难为情,所以他就放任他们走出去了。我鼓励他把这句话换成:"您是下次付钱吗?"从那以后,他就一直这样做,再也没有感到不适过。让我们来看看这是为什么。

"你说什么?"一个人问道。"你刚才说什么来着?"另一个问道。两个人都在寻找相同的信息,但是第一个人的问题带有更强烈的要求和命令的语气。一位母亲告诉她的孩子:"我们五分钟内要准备睡觉啦。"这句话听起来比"五分钟内睡觉"更温柔。问"你认为正确答案是什么"的老师听起来比询问"答案是什么"的老师少了些威胁性。这种转变表明说话者渴望建立联系,而不是形成对抗,并且他希望了解一个人的本性和与别人的关系状态的核心。限定词也很好地发挥了作用(例如:"我们应该准备睡觉了""我想你可能忘了结账")。

一个普遍的规律是,一个更随和的人会使用能够建立联系和避免对抗的语言。而他们不太讨人喜欢的同事使用的语言更具控制性,而且有点无惧冲突的意思。[4]在极端情况下,前者不惜一切代价避免对抗,这可能会压抑他们的真实感受和欲望,而后者乐于甚至助长争斗和冲突。

例如,你走进一家便利店,问收银员报纸在哪里。他们可能会给出一系列答案,例如:

回答A："在那边。"（不完整且直接）

回答B："它们在那边。"（完整而直接）

回答C："它们应该就在那边。"（限定词）

回答D："你会发现它们就在那边。"（将来时）

回答E："我想你可能会在那边找到它们。"（双重限定词和将来时）

所有的回答都回应了这个问题，但是每个回答的潜台词都透露了一些关于回答者的信息。回答A和B显示了一个更具支配性人格的典型语言模式，回答C、D和E显示了一个更讨人喜欢（和潜在顺从型）的人格。

现在我们来考虑两个主要因素：地位和心情。由于地位的变化，高档餐厅的领班可能比便利店的收银员更恭顺，因此，回答D和E并没有给我们一个他们个性的暗示，因为这与地位动态相一致。另一方面，回答A和B确实让我们窥探到一点他们的个性，因为他们偏离了原有的动态地位。我们再举一个例子。

在商店里结账时，店员说：

语句A："你要付一百七十八美元。"

语句B："是一百七十八美元。"

你在商店购物后，店员会把收据交给你，并说：

语句A："那里"或"这里"，或者他们什么也不说。

语句B："这是你的"或"收据在这儿"。

同样，在高端商店里，我们会期待语句B而不是语句A。但是当地位中立时，我们更容易看到个人的个性。使用语句B语言的便利店店员可能更容易相处，而语句A语言在相同的环境下无法说明什么。然而，高端商店中使用语句A的销售人员要么今天过得很糟糕，也就是说他们所说的话反映了他们的状态，要么他们拥有更强的支配型人格。如果他们的情绪未知，那么我们必须观察他们的行为，看看是否出现了一种模式，可以将我们的评估从（临时）状态转移到（永久）特征。

在回答一个关于营业时间的问题时，哪个回答表明她是一个更随和、更令人愉快的接待员？

回答A："我们周日不营业。"

回答B："我认为我们这周日不营业。"

假定营业员知道便利店已经关门了，那么"我认为"可以使他们的回答减轻对提问者的影响。在第5章中，我解释了只有在表达主观信息而非客观信息时，限定词的使用才表示焦虑或不安感。让我们来修改第二个回答，从而展现更强的对比性：

回答A："我们周日不营业。"

回答C："对不起，我想我们这个星期天不营业。"

当一个地位相同或更高的人使用更柔和的语言时，那是因为他们适应另一个人的需求，这体现了同理心和相应的情绪健康。他们不需要维护自己的权威来弥补自己的不安。例如，一名经理用以下语句之一解雇了一名员工：

语句A："你被解雇了。"
语句B："很抱歉，我们不得不让你离开。"

很显然，语句A没有试图虚与委蛇。在第二个语句中，经理用我们（we）而不是我（I）来分散责任，从"我"而不是"你"开始导为内向。说出道歉和使用将来时会进一步减少负面情绪。

另一个例子：如果你试图在没有被许可的情况下进入一个未经授权的区域，哪一个警卫更友好（如果他们想避免冲突，哪一个可能更容易说服人）？

警卫A："站住，你不能进去。你来这里干什么？"
警卫B："不好意思，我不能让你进去。"

警卫A发出命令，用第二人称"你"，然后发出一个反问句来表达他的愤怒。警卫B使用第一人称"我"、消极语言（这暗示他可能十分紧张），并道歉。[5]当你知道该听到怎样的话时，这两种心理是有明显区别的。

词语的本质

一些语言所体现出的东西是直观的。讨人喜欢的人更常使用积极的情感词汇（如"快乐""鼓舞""绝妙"），较少使用消极词汇（如"憎恨""破坏""烦恼""愤怒"）。[6]他们更多地描述、谈论家、家庭和沟通，避免黑暗或敏感的话题和语言（如"棺材""酷刑""死亡"等词汇）。[7]

与之形成鲜明对比的是，那些不太讨人喜欢的人会使用消极的语言和与愤怒有关的词语（如"我讨厌""我厌倦了""我受不了"）。[8]研究发现，越随和的人越少说脏话。例如，在脸书（Facebook）状态更新中，最能识别亲和力较低的人的五个词都是脏话。[9]而在脸书状态更新数据中，"感谢"一词与讨人喜欢这一性格特征紧密相连。[10]良好的视角让我们专注于积极的方面，并帮助我们养成善于表达感谢和感激之情的态度。[11]诗人刘易斯的笔很好地捕捉到了这一心理洞察力："赞美看起来就是表达内心健康的一种声音。"[12]

我们来分析一下这种心理。没有洞察力，我们生活中所有的美好都无法聚焦。一个以自我为中心的人——一个缺乏洞察力的人，只对他们所缺少的、所欠缺的以及生活中的不足感兴趣。没有感恩，就没有快乐。[13]想到我们认识的那些充满感恩意识的人，这些人往往是最快乐的。相比之下，那些对自己所拥有的东西缺乏欣赏的人,往往生活在没有达到预期、沮丧和愤怒的循环中。他们充满了愤怒和怨恨,不是因为任何重要的事情,而是因为他们的全部注意力都集中在琐碎的事情上,而这些琐碎之事只会内耗他们的精神。

广阔的视角(自尊多一点,自负少一点)→更大的环境→更多的意义→开始谦逊→感激之情汹涌澎湃→喜悦之情奔涌不止→达到情绪稳定

狭隘的视角(自尊少一点,自负多一点)→更小的环境→更少的意义→傲慢增长→加剧愤怒、怨恨和挫折之感→情绪不稳定

心态和隐喻

隐喻在新事物和旧事物之间架起了一座桥梁。因为能简洁而精确地传达信息,它充满了冲击力。我们使用的意象和表达方式都揭示了我们内心的想法。

例如,销售经理可能喜欢用充满斗志的比喻来描述最佳工作场所(如"我们是一个像三角洲部队似的团队")。鉴于合作证据的存在,我们可能会推断,对他来说,一切都是一场竞赛,只有一个赢家。你要么是锤子,要么是钉子;要么是赢家,要么是输家。生活是一个零和等式。一个人的收获相当于另一个人的损失。

即使在合作时,更具主导性的人格倾向于使用确认他们观点的语言,这些语言让人想起"我们击败了他们""我们是不可阻挡

的""他们不知道是什么击中了他们",甚至是更以自我为中心和不健康的话语,比如"我生气了。我不会以失败者的身份离开。他们才是失败者,不是我",这与"我们齐心协力,努力工作,全力以赴"或"另一个团队真正带领我们发挥了最佳水平"这类话语截然不同。对于敏锐的观察者来说,这些小漏洞就是随时会喷发的间歇喷泉。

询问一年级的老师如何定义自己的角色时,我们期望听到温和、有教养的回答(例如,"确保每一朵美丽的花都有适宜的阳光和水来绽放",或者,也许没那么甜言蜜语,说"为了激发孩子们对学习的热爱")。我记得有一位老师向我抱怨说,校长没有给他更多的余地来让他以他认为合适的方式管教班级。"我可以更多地推动他们,"他这样说道,"学生们只是需要一种动力来超越自己。"记住,他谈论的是五六岁的孩子!他的目标没有问题,但他的语言有问题。换句话说,同样的感情会变得更合理:"我想帮助他们最大限度地发挥潜能""他们身体里蕴含着如此多的伟大之处",或者"我只是想让他们发光发热"。使用"推动"这样的词汇不仅反映了一种思维模式,或许也反映了一种扭曲的教育观。

在下一章,你将学习如何更深入地挖掘评估,了解一个人使用第一人称"我"的基本故事。这样做,你会开始评估他们的不安感和所抗拒的领域。这不是为了利用别人,而是为了更好地理解他们,这样你就可以帮助他们,也可以保护你自己。一旦你意识到一个人的情感触发因素,你就可以预测他们会什么时候发飙,感受到他们维护自身的要求,并试图掌握控制权。同样有帮助的是,让我们更多地了解我们自己和情感触发因素。有了更强的自我意识,就可以提高生活质量、发展人际关系。

第11章

叙事身份：解读心灵与灵魂

　　想象一下，你正在陪同二十五个孩子进行一场学校旅行。孩子们下车后，你尽职尽责地在水族馆大厅里清点人数。你数了，只有二十四个孩子，呀！你再数一遍，二十五个！幸亏。然后你带领孩子们去探索海洋的奇迹。有什么问题？为什么你认为二十四个孩子是不正确的，而二十五个是正确的呢？只是因为你有二十五个学生。所以当你数到能证实这一点的数字时，你就停了下来。但是没有理由去假设你数了同一个孩子两次（得到正确的数字）的可能性比你第一次忘记数了一个孩子的可能性小。

　　人们倾向于找到他们正在寻找的东西，看到期望看到的东西。我们总是在寻找确凿的证据来证明我们是对的，对任何不符合期望的证据视而不见。这是一种被称为确认偏差的现象。我们专注于证实我们想法的东西，下意识地过滤掉不一致的东西。

　　当确认偏差起作用时，证据几乎神秘地自行排列成现成的标签模式。这是大脑用来理解世界的神经生物学过程的一部分。我们的大脑的基础操作是制作文件，就像我们在电脑上的操作一样。在我们的大脑中，这种分类属于思维捷径的范畴，叫作启发法。这些捷径让我们能够处理这个世界的问题，不需要每次选择都独自决定。想象一下，如果不得不从头开始解决每一个问题，从如何操作咖啡机到如何去工作，我们将一事无成，而精神捷径则能节约时间。

得到结论

启发式方法有助于我们有效地解决问题，但它们也会导致偏见，使我们陷入"无证据则有罪"的模式。例如，如果一名调查女性谋杀案的侦探知道被谋杀的女性中有很高比例是被其配偶杀害的，他更有可能认为女性谋杀案几乎都是配偶干的，并开始在精神上过滤证据，使最终结果符合自己的理论。这并不是说统计学不是一个有用的工具；挑战在于给予它们相应的权重，而不是给予排他的权重。如果医生经常治疗抑郁症患者，他们可能会听到患者抱怨疲劳、精力下降、体重增加和性欲下降等症状，并得出一个特定的结论。（嗨，抑郁症！）但问题在于这些症状也可能是甲状腺功能减退或其他五十余种能出现类似症状的疾病。俗话说："在锤子眼里，一切看起来都像钉子。"

我们也倾向于依赖代表性启发法，通过这种方法，我们根据人们与群体中某个典型成员的相似性将他们分组。一旦你被贴上标签，就假定你有了你所在组别中其他成员的所有特征，而他们也有了你的特征。如果我们对某个特定群体有先入为主的观念，我们可能会对该群体的个别成员妄下结论，甚至顽固地忽视那些反驳我们结论的证据。用威廉·詹姆斯的话来说："很多人认为他们在思考，其实他们只是在重新整理他们的偏见。"

偏见产生期望。与我们的大脑创建文件夹来将信息集中在一起没有什么不同，当我们遇到一个特定的概念、类别、人物或情况时，我们会开发一些模式或蓝图来帮助预测会发现什么。模式帮助我们快速填补空白。不幸的是，他们也会怂恿我们用错误的答案来填补这些空白。如果带着一种先入为主的观念对待新信息，认为它应该符合我们的模式大框架，那么我们可能会保留符合我们预期的信息，而丢弃不符合预期的信息。

我们意识到自己的偏见，有助于中和它们产生的影响，并增强我们客观评价他人或情况的能力。如果在交谈、谈判或建立人际关系时，认为我们已经知道了一切，那么我们的自我会巧妙地确保所有我们所相信的是真的。只有例外的少数人才愿意看他们不想看到的，听他们不想听的，相信他们希望不存在的事情。

但这种认识并不完善。具有讽刺意味的是，一旦消除了干扰我们评估的启发式影响，我们就可以更有效地建立一个档案，这在很大程度上还是因为启发式方法。

导演独白

我们知道，人们倾向于找他们正在寻找的东西，看到期望看到的东西。当我们问出"为什么一个人首先需要看到他们正在寻找的

第 11 章 叙事身份：解读心灵与灵魂

东西"时，我们的评估就具体化了。人们以他们需要的方式看待自己、他人和他们的世界，以便保持他们所看到的与他们的个人叙述相一致，从而理解他们自己、他们的选择和生活。[1]这导致了心理学家丹尼尔·卡尼曼所说的联想连贯性，即"每件事都强化了其他所有事"的概念。他写道：

> 我们对模糊性的长期不适导致我们做出可预测的、舒适的、熟悉的解释，即使它们只是他人现实的部分表现或已经完全脱离现实。不合适的东西会半途而废。我们运用连贯的解释。我们认为这个世界比实际上更加团结。[2]

我们的自我意识越强，就越容易受到伤害，也越有动力去预测和控制我们的世界。一致性（而非事实）让我们确信世界是已知的、可预测的。然后，我们寻找、观察和解释世界来使其适应我们的叙述，而不是调整我们的世界观来适应现实。本质上，我们是在给世界上色，从而避免自身受到污染。

理智是观点的同义词。我们的视角越清晰，我们接受的现实就越多，我们的态度、想法和行为就越客观、理性。当我们拒绝负责任地承认我们自己或我们生活中的任何方面时，自我就开始"保护"我们，并把责任转移到其他地方。换句话说，我们认为，如果我没有问题，那么你一定有问题。对我们来说，要在自己的头脑中保持清白，我们就不得不扭曲我们周围的世界，如果我们对现实的把握有缺陷，那么我们对生活的调整就会受到影响。情绪不稳定从根本上来说是缺乏清晰认知，自我影响了我们看待自己和世界的能力。当一个人失去理智——看到、接受和回应他阅历的能力——这意味着他失去了所有的认知能力。

镜子，墙上的镜子

拉尔夫·沃尔多·爱默生写道："人们似乎没有意识到，他们对世界表达看法时也会吐露出自我性格。"这不仅仅是一句巧妙的俏皮话，更是对人性的深刻洞察。人们把世界看成他们自身的反映。[3]如果他们认为世界是腐败的，那他们在某种程度上——可能是无意识地——感到自己是腐败的。如果他们看到诚实的劳动人民，那通常是他们对自己的看法。这就是为什么骗子总是第一个跳出来指控他人作弊。

俗话说："一根手指指着别人时，还有三根在指着自己。"事实证明这有很坚实的心理学基础支撑。研究发现，当你让某人对另一个人——亲密的同事、熟人或朋友——的性格进行评价时，他们的反应会让你直接了解他们的性格特征和他们自己的情绪健康。事实上，研究结果显示"大量的负面人格特征与消极看待他人有关"。[4]具体而言，评定者在描述他人时使用的消极词程度以及"消极看待他人这一简单倾向"表明其抑郁和患各种人格障碍的可能性更大，其中包括自恋和反社会行为。[5]同样，我们看待他人的积极程度与我们的快乐、善良和情绪稳定程度相关。正确的（无自我性的）视角让你有能力聚焦于你的世界和他人好的方面。我们所关注的重点是我们的经历、我们的现实。我们决定什么是自己的责任范围。

你的自我阐述了你的世界，使用启发法来调节什么进入了意识，什么离开了意识。一个人的情绪越不健康，他们就越诋毁周围的世界来弥补自己的不足和不安。因此，一个人如何对待你反映了他们自己的情绪健康，他们说明了关于他们的一切，却没有揭露关于你的任何事情。我们付出爱。我们给予尊重。如果有人不爱自己，你期望他们回报什么？情绪健康的人是真实的，忠于自己，不随意评判，接纳他人。真正的"我"闪闪发光，他们对现实的感知也更加清晰。随着一个人的自尊受到侵蚀，他的自我开始介入，因此视角变得扭曲。

无风不起浪

发表在《儿科学杂志》（*Journal of Pediatrics*）上的研究调查了各种烟雾报警器的特性，以确定哪一种最能唤醒儿童。他们发现，熟睡的孩子能被使用母亲录音的闹钟喊醒的可能性是被典型的音调闹钟喊醒的可能性的三倍。[6]这种反应是由位于大脑底部的过滤机制——网状激活系统（RAS）产生的。RAS使我们免于被不必要的刺激淹没，或者在紧急情况下，母亲的声音能确保我们对重要的事情做出反应。我们的目标（在某些情况下，还有我们的恐惧）决定了我们认为什么是重要的，以及我们是无意识地忽略，还是有意识地接受某些东西。[7]

基于自我的叙述→定位RAS→通过启发式过滤=视角（我们所看到的和我们对所看到的想法）

比如，在鸡尾酒会上交谈时，你注意到另一场谈话，通过转移你的注意力，你让面前的人"静音"并听到远处正在说的话。这也是RAS的作用。它是强大的，因为它能揭露某些东西。一个人将自己的RAS定位于有意义的东西，而意义是由他们需要看到的东西来定义的。他们专注于什么，就能彰显他们是谁，以及他们对生活的看法。

当我们注意到人们如何看待他们自己和他们的世界——什么吸引了他们的注意力，他们回避什么；他们提到了什么，错过了什么；他们谴责什么，他们捍卫什么；他们接受什么，拒绝什么——我们知道他们的第一人称"我"的故事。或者换句话说，是什么（他们关注和看到的）告诉你为什么（他们关注它），和为什么告诉你是谁（他们真正是谁）。

作为人类，我们试图通过故事来理解我们自己和我们的世界。指导我们生活的故事是解释"我是谁，为什么是我"的故事，这是我们的叙事身份，是"我们每个人构建的自我内化进化的故事，为我们的生活提供了目的感和统一感"。[8]第一人称"我"的故事不仅真实地反映了我们是谁，还反映了我们曾经走过的路和将来要去的地方。

就像任何绝妙的故事一样，我们的故事需要连贯的情节，它需要有意义。一旦我们构建了自己的叙事故事，我们就得去维护它；

这既是自我定义的，也是过于自我封闭的。[9]当我们的个人叙事出现裂痕时，自我需要快速重写，以解释正在发生的事情及其原因。我们创造一个新的故事来解释我们的人际互动——他人的行为——以及解释我们自己的行为（对自己和他人），自我产生了新的叙事。在下一章，你将会看到我们是如何真正地改变我们的故事的。

第12章

激活防御网格

当我们的叙述和现实之间存在差异时，自我会使用一切防御机制来扭曲现实。我们的叙述必须完整保留下来。我们只有对自己撒谎，才能活得自在。

我们都不想承认自己自私或懒惰，更不愿意承认自己失败或有缺陷。我们需要把众所周知的事情都弄清楚。因此，自我配备了一系列精心制作的盾牌和缓冲器——防御机制，让我们将我们是谁的故事和我们的行为协调起来。我们扭曲或删除自我的某些方面是为了减轻其对我们的意识造成的不良影响。其中最常见的方式是回避、否认或辩解。

吸烟是认知失调的经典例证。吸烟者可能承认香烟会对健康造成一系列的负面影响，但他也希望自己身体健康。这样不一致的想法所产生的紧张感可以通过以下方式来缓解：（a）不去想它；（b）争论或否认其有害的证据；（c）为自己的吸烟行为辩解（"明天我可能就被公交车撞上了"或"我需要吸烟，否则我会变得太胖"）；（d）接受事实并采取措施戒烟（即使多次失败）。

当然，选项b和c中呈现的防御机制并没有保护我们（不是自我意识保护自己），而是增加了不稳定性和不安全性。随着这些防御机制的出现，真相和我们接受真相的能力之间的鸿沟就显露出来了。

你有没有想过，尽管有明显的证据表明一件事是虚假的，但对一个人来说选择相信这个事实却如此重要。因为他想拼的单词在字典里找不到，他会坚持认为字典印错了。当他让你半信半疑地相信每张卡片上都有印刷错误时，你一旦"打破砂锅问到底"就会非常有趣。这个人"需要"这件事是正确的，就像有人会生气的理由一样。他不会感到"被轻视"，不会犯错，也不会失去权力。更大的自我意味着更多的指责、更少的个人责任和问责能力。

这就是为什么低自尊的人很难原谅他人或对他人道歉。[1]自我在他们的内心钻牛角尖，欺骗自己去相信，通过控制自己的愤怒，他们能变得更强大、更坚强。事实正好相反。如果一个人无法释怀，或者更糟糕，去寻求报复，就是情感资不抵债的表现。比如，当他们犯错了或伤害了别人时，他们道歉的速度有多快？当他们受到伤害时，他们能够原谅别人吗？那些能够轻易摆脱自我的人——那些能够在必要和适当的时候原谅和道歉的人，拥有更强大的情感力量。著名精神病学家托马斯·萨兹写道："提防那些从来不说'对不起'的人。他很虚弱、很害怕，有时只要受到一点点刺激，就会像走投无路的野兽一样不顾一切地凶猛搏斗。"[2]

镜花水月

当谈到我们对他人的行为时，自我同样有能力为自己不道德、自私或有害的行为进行开脱，包括：（a）逃避责任（"我是在服从命令"）；（b）主观对比（"其他人都做了X和Y，而我只做了X"）；（c）贬低受害者（"他不是好人"或"他们反正不在意其他人"）。

我们不断地通过一个基本的归因错误对我们的叙述进行微调，这个错误也被称为一致性偏差或归因效应。因此，我们倾向于将责任归咎给我们无法控制的情况或环境，从而谅解自己的错误或道德过失，同时会归因于他人的阴谋或基于自身性格进行解释。[3] 已故喜剧演员乔治·卡林的一句台词浮现在我脑海中："你有没有注意到，任何开车比你慢的人都是白痴，任何开车比你快的人都是疯子？"的确，当有人在路上拦住我们时，我们的第一个想法通常是基于性格的（例如："他是个疯子""他很自私""他不老练"），而不是将他的行为归因于某种情况（例如：匆忙赶往医院或其他紧急情况）。反之，当我们开车挡住别人时，我们会赋予自己这个行为一个高尚的动机或认为这种情况可靠（例如："让我们给这家伙一个教训""他的车不知从哪里冒出来的""我有一个重要的会议""一天结束了，我应该早点回家放松一下"）。我们相信我们的行为不会透露自己性格中任何不好的方面。[4]

一个人的自我意识越强，他就越难越过自己的视角去看待事物,他只能看到自己的需求。同理心需要转换视角——设身处地为他人着想。如果一个人一直自暴自弃,完全只专注于自己的痛苦,那么他的自我将他的视角锁定在某个位置,他永远也脱离不了自己看待事情的方式,也不会透过他人的视角来看问题。当他处于积极的状态时,他可能会变得好奇,看起来富有同情心,对他人的生活感兴趣,但不要被误导,这只是他伪装成关心的好奇心。

破碎的镜子

大多数人在面对他们完全承认的事实时不容易被冒犯,而且我们通常不会因一个公然的、容易戳穿的、厚颜无耻的谎言所困扰。只有面对真相时,我们才会拒绝接受,才会变得敏感或自我意识强。这就导致了恐惧产生,激活了防御机制。

一旦我们完全接受了关于我们自己或我们生活的某些东西,我们就不再需要躲避它了。我们不在乎谁知道或者谁发现了这件事,因为我们不允许现实拖我们的后腿。现实一旦被接受,它就永远不会被挫伤或伤害,然而一个耳语或一个眼神就能击碎错觉。

著名的精神病学家卡尔·荣格写道:"所有刺激我们的关于他人的事情都能让我们了解自己。"我们很多人都意识到,当我们为别人的错误所困扰时,那是因为我们也有这个弱点——至少在某种程度上,即使这一弱点从未在行为中表现出来。但是这也并不能概括所有情况,因为一个人,比如说他酒精成瘾,很可能对其他人的这种特征非常敏感，但是他们是否为此感到烦恼取决于他们的行为是否负责任。换句话说，如果他们在自己身上看到了上瘾症状，选择接受它并采取了负责任的行动来治愈恢复，那么当他们注意到另一个人身上同样的症状时，就会感到理解和同情，而不是鄙视。[5]

触到痛处

回想一下，每当我们的"情感自我"受到威胁时——一般来说，我们的自尊心越低，尤其是事实对自我形象的影响很深，我们的恐惧就越大。在不直接攻击自我形象的区域时，我们的防御网格并不经常被激活。例如，如果你是一个糟糕的厨师，有人轻蔑地谈论你的厨艺，当你完全接受这个事实，以及你不认为自己是一个厨师，甚至你可能非常自豪地谈论自己"甚至不会烤面包"时，那么这种影响可以忽略不计。然而，我们越接近一个人的自我形象，就越接近他们个人叙述的核心：我就是这样。这就是自我意识过度保护自己。

以自尊心低的职业厨师为例。他们的整个自我形象与他们做的每一顿饭或参加的每一场比赛都有关系。你可以想象到，支配型人格的人会大声喧哗，控制欲强，可能还会沾沾自喜，惹人讨厌。如果事情不按他们的方式发展，他们情绪会变得不稳定。被动型人格倾向于抱怨，变得对立，显得有些沮丧。你也可以逆向推断：一个人对这种情况的反应会让你更了解他们。

对于那些对任何异议都非常敏感的人，更不用说批评了。当一个人的观点、态度和信仰被质疑时，他很容易感到被冒犯，会情绪激烈地为自己辩护，这表明他非常自卑，自我总是处于戒备状态。

有距离感的语言

我们不需要等一个人猛烈抨击时才知道我们触到了他的痛处。言语模式揭示了一个人潜意识层面的焦虑，能通过距离感语言来识别。假设你的一个朋友正在节食，假期过后，他说：

语句A："假期真的把我累垮了。"
语句B："我假期过得不太好。"

哪种语句描述了一个对自己的饮食和生活负责任的人？哪种语句揭示了一种受害者心态？请注意，在第一种语句中，"假期"是他行为的罪魁祸首，而在第二种语句中，他用第一人称陈述自己的行为，并为自己的暴饮暴食承担责任。措辞可能有所不同，但接受或偏离的模式保持一致。现在让我们假设你进一步探究他不再节食的原因：

语句A："周围都是食物，你怎么能少吃？假日节食是不可能的。"

语句B:"我应该自带食物。我误认为自己可以每样东西都吃一点。"

当一个人用第二人称叙述自己的感受(如第一种语句),而不是用第一人称叙述事实(如第二种语句)时,这表明他们的自我显然激活了一种疏远机制来减轻情感痛苦。看看下面几对语句,注意哪一对表明了一个人被压抑的焦虑:

语句A:"我有麻烦了。"
语句B:"我给自己惹了麻烦。"
语句A:"那就是我想到的。"
语句B:"我的思绪停留在那儿。"
语句A:"我有时会有这些疯狂的想法。"
语句B:"这些疯狂的想法会随机出现在我的脑海里。"
语句A:"我家里有点困难。"
语句B:"家里一些事情让我不舒服。"

第一种语句是承担责任,而第二种语句是拒绝承担责任。当一个人把自己放进一个群体中时,(从责任中)脱离更加明显。例如,一个病人对治疗师说"你不关心你的病人",而不是"你不关心我"。[6]最极端的例子是当一个人在语言上删除了他自己和他的目标信息对象,他就有效地切断了所有的情感联系,让他的情感不再脆弱,他会这么说:"治疗师不关心他们的病人。"[7]

第12章 激活防御网格

其他分离机制的运用能够理智化和概念化一个人的感觉。例如，一位精神病医生让一位病人描述她年幼时被母亲抛弃的感受。病人回答说："当我妈妈离开的时候，我真的很伤心。"这似乎是她真实而良好的情感表达。如果她拒绝接受伤痛，她的反应听起来会更像：

- "这对任何孩子来说都很艰难。"
- "你知道，对很多人来说，生活并不容易。"
- "你需要学会快速成长。"

分离是处理压抑或压抑焦虑这一防御机制的核心选项。一方面，当痛苦太强烈时，"我"离开去应付压倒一切的情绪。正因如此，极度悲痛中的人不使用典型的自我吸收式的代词（我、我的）。悲伤，甚至是临床抑郁症，会将我们的意识转移到自己身上。另一方面，强烈的悲伤会被引导远离自我。我们需要一个情感减震器，因为我们不接受原始的情感。这类似于极度愤怒的体验，在这种情况下，我们避免使用人称代词，而是选择看似非个人的、疏远的或就事论事的语言。

当我们挖掘一个敏感的神经时，做记录可以帮助评估另一个人的恐惧和不安感，但是提前知道哪个区域最敏感是极为有用的。尽管我们所持有的价值观向世界宣告了什么对我们来说是重要的，但我们也看到价值观的定性本质是如何揭示我们最深层自我的自画像的。

第13章

价值观的意义

当人们谈论或写自己时，他们通常会强调五个领域中的一个。他们根据他们的性格特征（如"我很诚实""我很友好""我很努力"）、他们的关系（如"我是三个了不起的女孩的父亲""我爱好交朋友"）、他们的财产（如"我在湖边有一所房子""我喜欢开着我翻新的'67款福特野马'到处逛逛"）、他们的身体特征（如"我有如运动员般的体格""我有浅蓝色的眼睛和金色的头发"），或者他们的职业或技能（如"我是一名建筑师""我的手艺很灵巧"）进行谈论。你可以通过这些有效地揭示一个人自我形象的主题——他们如何看待自己，他们具有什么价值，以及什么能让他们觉得自己对他人有价值。

逻辑告诉我们，那些我们所珍视的自身具有的特质，放到他人身上也是一样的。为自己身体健康而自豪的人往往会羡慕别人身上同样的品质。对他来说，这是有意义的，表明这人值得尊重和交往。任何特征都是如此。一个守时的人，即使是过分守时，也认为守时是一种美德。[1]重要的是要认识到，只有那些我们自己珍视的

第13章 价值观的意义

品质和特征，才是我们欣赏的，也是我们同样会被他人所吸引的。如果一个病态肥胖者对自己的命运不满，他可能不会欣赏这些品质。同样，总是迟到、以自我为中心的高管也不乐意自己一直等待别人。

这里的双重含义是指无论一个人在自己的生活中专注于什么品质，他们都可能对你的品质给予不成比例的关注。同样，当你知道一个人对他人的哪些方面特别敏感时，你就能洞察到他们自己看重的是什么。C.S. 刘易斯指出："就像一个人发自内心地赞美自己所珍视的东西一样，他们也自发地敦促别人一起欣赏它：'这个姑娘难道不可爱吗？这个建筑不宏伟吗？你不觉得那景色很壮观吗？'"[2]

注意人们是如何引导谈话或者完全转换话题的。过去，凯迪拉克是汽车中的极品，所以我的一个生意伙伴发现有必要在每次谈话中插入他拥有一辆凯迪拉克的事实。我记得他和一个新同事握手介绍，然后没有浪费任何时间，直接说道："不错的握手方式，小伙子。我的汽车经销商也是这样的握手方式。"寒暄戛然而止，然后话题立刻转移到汽车品牌和型号上。

一个缺乏他们认为有价值的东西的人在这方面会变得非常敏感。就我的一个商业伙伴而言，他总是提到一件昂贵的财产——他的凯迪拉克，这表明他对自己是否有足够的钱缺乏安全感。无论价值是什么，自我都会试图描绘和投射这个形象，当这个价值被质疑时，他的自尊程度就会暴露出来。回想一下上一章，当一个人的情感自我受到威胁时，他们的自尊心越低，威胁就越接近他们的自我形象，他们个人叙事的弱点就暴露得越多——他们的自我意识就越会过度保护自己。

意义的价值

真实而永恒的幸福——更不用说心理健康了，是在我们与现实的联系中找到的，而不存在于我们对现实的逃避中。某样东西越有意义，它带来的内在快乐就越大。躺在沙发上看电视无疑很舒服，却毫无意义。对舒适的追求可以说是对生活的回避，它不仅否定了我们真正的快乐，而且破坏了我们的整体幸福。

毫无疑问，追求以自我为导向的目标会像追求娱乐和消遣一样，让我们完全并迅速地脱离现实。著名心理学家和大屠杀幸存者维克多·弗兰克尔将这描述为"对意义前所未闻的渴望"，西格蒙德·弗洛伊德写道："人们普遍使用错误的衡量标准，认为自己要追求权力、成功和财富，钦佩崇拜他人，他们低估了生活中真正的价值，这是无法逃避的。"[3]

研究证实，那些把金钱和名誉看得很重的人，比那些努力通过追求健康的关系、开发自己的潜力和参与社会事业来给自己的生活带来意义的人明显更不快乐，在情感上也没有那么富有。[4]但这并不是说拥有金钱或名誉会让你不快乐，不是这样。

你拥有这些东西也可以快乐，但快乐并不取决于这些东西。的确，仅仅舒服和开心是不够的。我们最深处的自我折磨着我们——不仅是为了做得更多，也是为了变得更好。用亚伯拉罕·马斯洛的话来说:"如果你计划做任何你力所不能及的事情,你的一生可能都不快乐并且充满愤怒。"[5]

关于我们的动机,心理学的轴心长期以来由以下理论组成:西格蒙德·弗洛伊德(我们被快乐所驱使),阿尔弗雷德·阿德勒(我们被权力所驱使),以及意义理论(我们主要努力寻找意义)。我们可以看到这三个模型如何统一成为一个单一结构。对意义的追求给了我们最大的快乐,其前提是要学会自我调节,或保持自控能力,这是力量的最高形式。

无论一个人在自己的生活中全神贯注或关注什么品质,他们很可能对你的品质给予了不相称的关注。同样,当你知道一个人对其他人的什么地方特别敏感时,你就能洞察到他们自己看重什么。

自尊,动力控制和情感健康

我们现在又兜了一圈。有意义的生活所需的燃料与一个人的真实价值观一致,这需要我们控制自己的冲动:对自己说不。然而,如果你不喜欢自己,你就不会投资自己。自尊,或者说自爱,激发自律的欲望和能量。当自尊心降低时,我们的兴趣和注意力会从长期的转移到眼前的满足——如果感觉很好,那就去做,不要管后果。我们的短期关注是浅薄和狭隘的。无数研究表明,低自尊与一系列自毁行为和习惯之间存在联系,从强迫性赌博、打游戏和购物,到冲动和冒险的活动,再到彻底的自残。

当我们爱自己时,我们可以用最大的努力和最小的痛苦投资以得到我们的长期满足和幸福。同样，当我们爱一个人时，我们想给那个人，当我们爱自己时，我们想给自己。我们可以很容易地做到这一点，只要我们不关注付出（又名"痛苦"），而是关注回报（又名"快乐"）。我们对自己的感觉决定了整个经历。任务过程中任何的痛苦或努力只有在与自尊水平形成对比时才能感受到。

当一个人对自己感觉不好时，他经常会寻求暂时的、空洞的、即时满足的避难所，并屈服于冲动而不是超越它们。为了掩盖他对自己的蔑视，如蒸汽般的快乐很快会消散，因为他寻求到的安慰会被更大的痛苦所取代。他的自尊心只会越来越低。当我们寻求避免合法挑战的痛苦时，我们本质上是在避免一种有意义的、愉快的生活。

谁付出了代价

人格障碍和情感障碍绝不是相互排斥的。但是患有人格障碍的人会通过将痛苦强加于他人来减少他们个人的痛苦。举例来说，缺乏自控力导致赌债，导致操纵他人来救自己。有些人可能会诉诸犯罪或暴力来减轻负担。

不管有没有人格障碍，那些患有情感障碍的人更容易通过各种恶习公然自我毁灭。为了从痛苦中获得喘息的机会，他们会求助于任何可以利用的分散和转移自己注意力的手段。他们以伪装成快乐的方式惩罚自己——暴饮暴食、酗酒、吸毒和其他不停歇的分心举措，以避免审视自己的生活。他们想要爱自己，却反而失去了自

第13章 价值观的意义

我。他们无法投资自己的幸福,所以他们用幻想代替关爱。随着时间的推移——以及不同程度的自我意识,随着罪恶感和羞耻感的加剧,自我破坏变成了自我伤害。他们不再寻求逃避痛苦,而是把痛苦强加给自己。

为什么有些人比其他人能更好地应对压力和创伤?答案是每个人的情绪弹性不同。在下一章,我们将更深入地探究自尊、冲动控制和焦虑的错综复杂关系。当我们了解不同的人如何应对生活的压力时,我们将能够预测出谁会屈服,谁又会崩溃。

第14章

弹性因素

虽然环境会影响我们的心理健康，但战胜挑战并反弹的能力是决定外部事件对我们影响大小的因素。情绪弹性是指适应和应对压力、克服逆境而不会出现心理障碍（如陷入持续的负面情绪或真正的临床抑郁症）的能力。你可以把韧性想象成情感上的特氟龙涂层，一种坚韧的材料，不仅能帮助我们应对日常生活的压力，还能在我们面临重大压力或创伤时保护我们。

更少的自我=更少的控制需求

情绪韧性是从对自己的一种信念和对超越自己的东西的一种信念中诞生的。从我们有限的视角来看，这就是我们（自我部分）并不总能够理解的原因。一旦我们愿意接受这一点，我们就不再需要去理解不可知的事物。当然，自我不允许这样。它需要将各种形状和影响的未知转化为已知。它永远会抓住不合逻辑的救命稻草，徒劳解释其无法解释的事情。我们的弹性能力来自能够承认生活中一些最痛苦的折磨是我们无法理解的。如果我们接受，或者更好的是，拥抱未知，虽然我们无法理解为什么，但我们知道这是为了我们的最终利益，那么我们就走向了情感的回归。如果我们让自我战胜了我们，那么每一次碰撞和擦伤都会遭到愤怒的反抗，强化了自我的信息：我们是坏的，应该受到痛苦和惩罚。

一个人越是以自我为中心，世界就越是围着他转，而且由于缺乏自尊，他越是认为自己应该承受痛苦和艰难。因此，他得出结论，一切都是为了他——不是为了他，而是为了更大的利益。因为从他的角度来看，宇宙（和其中的每个人）都恨他。以自我为中心的个人把一切都个性化了。他露营时遇到下雨是因为上天不允许他玩得开心。导致他开会迟到的八辆车连环相撞的事故也是为了报复他而精心策划的。所有的事情都是关于他的。随着自我中心的扩大，这个人可能会变得偏执，并相信自己是所有事情发生的因果关系的中心。

某种程度上我们都在逃避

无论你走到哪里，都有方便的交通工具可以让你进行无意识转移。即时娱乐提供了进入其他世界的逃避方式，永无止境的电子游戏、电影、电视节目、博客和论坛的迷宫，在这里我们可以从生活的压力源中游离出来。每一次，当我们忽视而不是面对众所周知的音乐时，我们的弹性能力就会受到损害。

当担忧、恐惧和焦虑不断在头脑中喋喋不休、无法关闭时，我们就不理会了。我们消除了自我反省中令人不适的噪声，提高了幻觉的音量。研究人员浏览了数百万条推特信息，发现患有抑郁症的用户经常写一些会分散注意力和逃避现实的文字。最常出现的词有：手表、电影时间、剧集、阅读、季节、全部、书、最喜欢的剧、角色、绝佳、场景、明星、东西、酷、恐怖和开始。[1]

被称为"动机研究之父"的心理学家和营销大师欧内斯特·迪希特解释说，当人类感到恐惧时，大多数人会退回到抚慰性甚至幼稚的行为中，以及以兽性为驱力，从而转移和疏导他们的焦虑。[2]这是典型的高糖、高脂或高盐一类"抚慰食品"背后的心理学。它们提供了一种充实感，而不是空虚感，有助于提升我们的情绪（尽管是短暂的）。它们通过刺激大脑的奖励系统创造一种短暂的幸福感，这种感觉会暂时抑制情绪压力。

这一观察特别有用，因为它揭示了人们在生活中如何管理压力。恐惧管理理论解释说，我们处理焦虑有两种方式。当我们过着充实而健康的生活时，我们倾向于拥抱我们的价值观和信仰，这给我们的生活带来了意义，这一方式被称为死亡突显性假说，能促进自我调节。但是如果我们过着没有意义的生活，我们会用自我放纵来平息恐惧——从吃的巧克力到玩的假期，这就是所谓的"焦虑缓冲假说"。[3]有没有想过为什么晚间新闻中的广告经常是关于逃避现实的产品？研究发现，灾难和死亡的新闻会向观众传达一种"让我们吃喝吧，因为明天我们就将死去"的信息。[4]

换句话说，令人悲伤的消息让你想要放纵——寻求即时的满足。脉搏控制的致命弱点在于我们如何管理恐惧。理解这一点很有价值,因为在许多场景中,比如约会、谈判或面试中,人们对引发焦虑的情况的典型反应反映了他们的心理健康。[5]他们是否看到、接受和回应,或反应过来然后后悔,或干脆躲起来?面对压力源时,我们会评估情况,然后决定如何应对。例如,工作时休息一下是一件好事。然而,如果你对工作感到焦虑,这些休息时间应该促使你克服焦虑,而不是避免焦虑。如果你在焦虑的时候合上笔记本电脑离开,那么你会强化一种逃避主义模式。逃离使你暂时减轻了焦虑,但强化了回避带来的平静和舒适的神经模式。这种平静是短暂的,因为它很快被内疚所取代,内疚是一种向内的愤怒。

愤怒和焦虑的循环会不断自我强化。自我调节失败的最重要的触发因素之一是愤怒,愤怒会让我们失去自控并屈服于冲动。[6]可以预见愤怒会引发一系列自我毁灭的行为和习惯,如酗酒、赌博和吸毒。[7]

你有没有注意到,当你生自己的气时,你更容易撞到东西或把它们撞倒?这是情绪上的混乱——生自己的气,表现在身体上。也许你脸红了,分神了,所以你真的没有看到那张桌子。但从心理上来说,你也可能正经历一种无意识地惩罚自己的尝试,因为你做了一个明知不对的决定,尽管当时你无法控制自己。更简单地说:内疚是一种消极的力量,它让我们感到压抑,导致我们无意识地做出自我毁灭的行为。根据对2500多名严重受伤并去急诊室救治的患者的研究,研究人员发现31.7%的人报告称在受伤前感到某种程度的烦躁,18.1%的人报告说感到愤怒,13.2%的人报告说感到敌意。[8]

高于/低于

我们情感生活的质量与我们愿意承担的责任成正比。著名精神病学家威廉·格拉瑟博士在《现实疗法》中写道:"人们不会因为生病而做出不负责任的行为;他们生病是因为他们的行为不负责任。"[9]但是我们如何衡量真正的责任呢?这个问题并不像你想象的那么简单,因为患有人格障碍的人要么会控制不住自己的冲动,要么会控制过度。看似强健的情感健康和对道德价值观及理想的坚定信念,可能完全是另外一回事。

有一个古老的谜语:"你能在森林中走多远?"答案是能走到森林中心,因为当你到达中间,你就开始"脱离"森林。在衡量情感健康方面时,我们经常寻找森林的中间地带——平衡和适度。当你表现得极端时,几乎任何态度或行为,无论多么令人钦佩或合理,都开始陷入不健康的怪圈。

例如,爱干净是一种美德,除非有人过度地热衷于清洁,以至于他们不断地、疯狂地、强迫性地清洁,或他们在清洁已经很干净的东西。当然,拥有一定程度的开放和接纳是一种积极健康的品质;适当的谨慎和保留也是如此。但是当我们走向任何一个极端,我们都在迈向不健康的领域。同样,积极锻炼是一种健康的品质;然而,拖着受伤的脚跑步,因为你觉得你必须"锻炼",这显然不是一个好的迹象。这种行为是危险的,代表的既不是自律也不是智慧，而是对立面——愚蠢和缺乏自制力。几乎所有令人钦佩的特质都有不健康的对应物：

- 深情是积极的，而疏远或冷漠则不是——然而过于黏人是不健康的。
- 表现出勇敢是积极的，而畏缩则不是——然而厚颜无耻是不健康的。
- 有决心是积极的，而优柔寡断和不确定则不是——然而思想狭隘是不健康的。
- 思想灵活是积极的，而僵化和固执则不是——然而没有骨气是不健康的。
- 信任他人是积极的，而偏执则不是——然而过于天真是不健康的。

缺乏对冲动的控制会表现为经常无视自己和他人。有人按时支付信用卡账单并且量入为出吗？或者他们对自己的钱漫不经心，不负责任？或者他们的决定并未经过深思熟虑？或者他们从事高风险工作但判断力糟糕，不在意自己和他人的安全？或者他们并未考虑周全且并未考虑后果？或者他们会被描述为做出轻率和鲁莽决定的人吗？

同时，我们要注意极端的情况，比如一个人没有能力承担负责任的风险并且对自己投资。固执和持续的自我控制可能预示着潜在的人格障碍。例如，那些患有回避型人格障碍的人害怕进入社交场合，因为害怕被嘲笑或鄙视。类似地，患有强迫性人格障碍的人对变坏或犯错有着强烈的恐惧。因此，他们过于敏感的良心驱使他们过分谨慎，过分关注规章制度。在每个领域都是如此。有些人处处挑战权威，因为他们不尊重权威，更不用说遵守社会规范了。与此同时，也有一些人害怕改变或打破哪怕是最微小的规则，因为他们害怕其引发的后果，对权威有着不成比例的恐惧。

更多的是心理混合，因为精神疾病不仅有许多分类，而且有令人麻木的等级数量。识别问题的挑战变得更加复杂，因为它们经常交织或重叠，共病率高达90%。[10]当一个人患有一种人格障碍时，他们可能至少还会有另一种人格障碍，并且其焦虑和抑郁的可能性也会增加。

在第四部分，我的侧写系统可以让你判断一个人是否情绪不佳，而不必假设一个正式的诊断。它旨在洞察一个人的心理框架，而不是给他们贴上特定疾病或障碍的标签（尽管我们专注于某些条件）。这让你有能力知道一个人偏离情绪健康有多远，而不是将他们的症状病理化成一个不可改变的诊断。

PART 4

建立心理档案

如果你担心一段新的关系,甚至是一段旧的关系,你将不再需要猜测发生了什么,什么可能会非常糟糕。即使当你与某人的互动仅限于观察或简短交流——无论你是在打电话,在公园,甚至在电梯里,这一部分将帮助你打开一扇进入这个人心灵的窗户,观察任何人的情绪稳定性。你将学会通过各种方式,包括面对面、在线,甚至电话来辨别一个人是正常的,是神经质的,还是更危险的。

第15章

寻求理智

视角决定了我们如何看待和应对任何情况，并引导我们（或欺骗我们）将它归为两类——"重要"或"无关紧要"。摘取心理评估的"低挂的果实"需要我们回答以下问题：这个人对生活的优先事项保持平等的看法吗？他是否夸大了小事情，而忽略了主要的事情？他知道什么重要，什么不重要吗？还是他永远处于混乱和危机的状态中，总是有一些事情在发生？她对生活有感恩或者期待的态度吗？或者她是一个不断指责和抱怨的人吗？尽管偶尔会遇到挫折，但他仍然享受生活吗？还是他只是在等待下一场灾难的发生？

如果你注意到有人经常为小事激动（以及为琐事激动），要留意。对于情绪不佳的人来说，每一件小事都是大事。思考一下吧。在缺乏洞察力的任何情况下，你都无法判断某件事是否重要。视角提供了语境，语境赋予了意义。没有环境，我们就缺乏对挑战的认识，更不用说理解了。

一个人如何应对生活中的小小损失和成功，揭示了很多东西。

但是我们不需要等待和观望。日常对话也为显示一个人的内心世界提供了一面放大镜。

现实的镜头

一个可识别的视角标志是通过一个人如何回应和思考生活中的挑战性经历，甚至是日常环境而展现出来的。我们是通过堕落还是救赎的主题来组织自身经历可以体现出我们视角的特点。后者与更好的情感健康相关，而前者与更差的心理健康相关。[1]

在堕落叙事中，X导致"一切都毁了"，积极的一面不可避免地让位于消极的一面，不可逆转地被破坏或毁灭。[2]没有任何好处，更不用说将事件视为"积极的"。总的来说，这个人用染色的画笔描绘整个经历（如"野餐中途下雨，一切都毁了"）[3]。在此之前，没有想到或提及任何笑声、欢乐和对话，也不谈与老朋友重新联系的事。任何好处都可能被短暂地认可，然后迅速地最小化或减少。所有的甜蜜都变酸了。整个事件被重铸成一个负面的经历，之后回忆起来也是如此。

相比之下，救赎叙事是即使出现一个客观困难或悲伤的结局，但我们能深入挖掘到一线希望。当然，这并不是说我们深情地回顾每一个困难，或者总的来说，觉得好的超过了坏的。相反，我们能够将重大困难（如个人受伤或爱人生病）框定为最终带来救赎或甜蜜的催化剂（如：家庭团聚；转变个人的视角，重新确定个人价值观的优先次序）。[4]我们还可以识别出能培养感激之情的积极因素（如：没有痛苦；职员很有爱心；我们周围都是家人）。

当一个人谈论他的生活时，仅仅是那些正面和负面的细节以及事件的比例和密度就能进一步挖掘他的观点。[5]我们能直观地认识到，一个人对负面事物的强调表明了其堕落主题，而他对正面事物的强调则表明了救赎主题。一个人可以走进一个房间，然后找到一件不完美的东西。他像扑火的飞蛾一样瞄准了它。这就是他的现实。负面的情绪。由此衍生拓展，我们了解到他通常不懂得感激，不快乐，在他的人际关系中有一个"你最近为我做了什么"的态度。

具有共同世界观的人有相似的语言模式。我们将会看到那些缺乏洞察力的人说的都是他们自己的语言。

绝对的，肯定的，百分之百的

在第十一章中，我们了解到，为了满足安全的幻觉，自我会很快地用先入为主的结论和类别来定位我们的世界观。高度压抑焦虑的人有高频率的教条式表达，以诸如"总是""每个人""没人""完全""必要"和"肯定"这样的词为特征。相比之下，焦虑程度较低的人能够通过使用诸如"有时""很少""也许""几乎"和"可能"等词语来表达更微妙的立场。[6]

在特定情况下，我们越焦虑，我们就越想用孩子般的乐观和自信来掩饰我们的不安全感。一个外科医生被问到"他会没事的，对吗"与"预后病情如何",直觉上,我们知道第一个问题来自一个害怕和担心的人,而另一个问题来自一个不那么害怕和担心的人。同样,以下哪些谷歌词条是那些已经投资比特币或非常想投资比特币的人搜索的?

(a)比特币会涨到十万美元吗?
(b)今年比特币会涨吗?
(c)比特币是一种好的投资吗?
(d)哪种加密货币将在明年表现最佳?
(e)加密货币、股票和房地产哪种投资最安全?

每次搜索的词条都告诉我们,谁对不同的投资选择持开放态度,谁倾向于一个方向,谁已经下定决心,并在寻找对她是否正确的答案。一般来说,一个人感觉越不踏实,她就越需要把自己的世界描绘成黑白的。[7]通过强化她周围世界的线条,使得她自己的身份变得更加牢固。

缺乏洞察力是绝对主义思维的典型特征,这反映在一些人的言语中。[8]在行为或信仰中表示或象征总体性(在数量或概率上)或极端主义的词语、表达及想法都被认为是"绝对的"。[9]

绝对(如"全部""一切""完整")
绝对否定(如"从不""没有""没有人")

第 15 章 寻求理智

绝对主义者通常从单个事件推断出总的事件，因为他们缺乏洞察力和通过周围的环境来看到全貌的能力。他们还需要保证正确，这意味着一致性胜过真理。他们让联想符合他们的叙述，这一能力是惊人的。观察这个人进行选择性记忆的频率，就像一个孩子说"你从来不让我"，而不是更健康、更平衡的表达："有时你不让我。"另一个常见的例子可能包括："如果我得不到这个，我永远不会快乐。"

增强：加热

使用粗鲁的语言是绝对主义的特征。有人会说"这个钟坏了"，而不是简单、准确地说"这个钟不再走了"。这是一个接近孩子一样的视角，让人想到一个发脾气的画面，在这个过程中，时钟被扔在房间里并被砸毁。想想那些"我真的把我的膝盖磨出了水泡"和"我的表现彻底摧毁了整个团队"的陈述。他们既表现出绝对的（非黑即白）倾向，也表现出暴力、苛刻或夸张的语言。"我们发生了一点小口角"或者"我们对事情的看法不同"，与"我们大吵了一架"或者"我们为了争论计划而开战"是完全不同的。以下是分阶段渐变的表述：

你把东西弄坏了。
你弄坏了那东西。
你毁了整件事。

你彻底毁了整件事。

你彻底毁了那整件该死的事情。

一个人的语言模式揭示了他的个性，精神疾病的出现不可避免地会导致自我不协调性障碍或自我协调性障碍（关于这些术语的解读见第10章）。情绪不适的顺从型人格同样倾向于使用强化词，但使用的语言更符合其温顺甚至优雅的天性。这就产生了一种语言模式，即"我在采访中把他撕成碎片"听起来更像是"我处于最佳状态"。品尝一个熟透的苹果，主导型人格的人可能会说"这是最好的苹果"，而顺从型人格的人会说类似于"这是我一生中吃过的最美味的苹果"或"我可能会因为吃这些苹果而发疯"的话语。

咒骂语的使用类似于绝对主义词的使用，因为它们通常用作状语强化词。[10]一个人可以用更有力的状语强化词代替绝对主义词，不是说或写"我完全厌倦了这个"。相反，他可能会说"我他妈的厌倦了这个"。[11]

当然，有时一个人有权利在愤怒或激动时强调和使用笼统的术语和概括。根据定义，这样的例子表明了一种狭隘的观点，这种语言准确地表达了一个人的状态。这是正常的，也是可以理解的。像所有语法指标一样，绝对语言的使用最好通过注意频率、持续时间、强度和上下文来观察，以确定这种行为是否指向一种特质，是否能表明一个人的整体观点和心理健康。

例如，注意到某件事情每天都在发生，如果它确实每天都在发生，就不能被认为是绝对主义。又如，"每一天，我都尽我所能"与"该死的每一天，我都尽我所能完成该死的事情"有着天壤之别。

环境背景也很重要。一个人在职业体育比赛、办公室内部乒乓球比赛或当地烘焙比赛中用来宣称胜利的语言会有所不同，这是可以理解的，在WWF（世界摔跤联合会）的背景下，一本正经地吹捧"完全和彻底消灭那些失败者"并不像其他两种那么惹人厌。同样，一个有权威的人，或者一个时间紧迫的人，没有义务去粉饰一个观点或回应，在这种情况下，她可能有很好的理由来用笼统的术语说话或者表达过于直率。然而，在这些动态之外，"法官、陪审团和刽子手"的升级模式正在显现。当"我不喜欢寒冷的天气"变成"没有人喜欢寒冷的天气"或者"只有白痴才喜欢寒冷的天气"，我们对这个人的了解要比他对寒冷的厌恶多得多。

法官、陪审团和刽子手

"很可能有人弄坏了整个钟"，这句话可能是对的，也可能不是，正如其他许多对事实和感觉的表达（例如："我从来不在交通高峰期开车""周一总是我最糟糕的一天"）。但是，当我们的个人评估、意见或判断变得不仅是绝对的，而且是普遍的，绝对的语言就变成了更明显的情绪波动的信号。毫不奇怪，这些语言模式是建立在自我中心的基础上的，随之而来的是狭隘的观点和低自尊。

1级：法官

当某人从"法官"的角度说话时，他们本质上是将自己的观点投射为客观现实（如"这是度假的最佳地点""大家都喜欢温暖的天气""没有日历，一个人无法管理自己的一天""没有人喜欢超甜的甜点"）。"法官"角度的表达排除了反映普遍接受和普遍好恶的陈述（如"没有人喜欢被利用"）。

2级：法官和陪审团

一个更令人不安的扭曲视角是，当一个人既充当法官又充当陪审团角色时，他既要做出判断，又要打上道德印记，标记一个人、一个地方或一个想法的好坏（如"任何喜欢炎热天气的人都是疯子""如果你不使用管理器，你就是一个傻瓜"）。回想一下，自我通过使用明确的结论和广泛的范畴来稳固它的立足点。判断性形容词（如"好的""愚蠢的""明显的""令人抓狂的"）既可以为自我提供基础，也可以为自己的行为提供道德优越感或正当理由。

3级：法官、陪审团和刽子手

在这里，一个人主张对那些不通过他的镜头看世界或与他的愿望和期望相反的人进行惩罚或伸张正义（如"任何不喜欢'X'的人都是白痴，应该被关起来"）。

第 15 章 寻求理智

在每一级中，言语强化器会放大扭曲。例如，在第三级中，"任何不喜欢运动的人都是白痴，应该被关起来"和"任何不喜欢运动的人都是疯狂的白痴，应该给他该死的愚脑壳来上一枪"之间有着显著的区别。这两种语句都表明了一种更具主导性的个性。这种语言的持续模式是自我协调紊乱的化身。顺从型人格的表达听起来更像是"我不想和那些不是艺术爱好者的人有任何关系，他们都应该远离人类"。这种情绪依然存在，但攻击性减弱了。我们已经知道不能根据一句话做出仓促的判断，但有时一个小小的语法细节会将其显露无遗，我们可能需要在必要时进一步探究。再强调一次，频率、持续时间、强度和环境等因素将区分状态和特征。[12]

我将展开一段对话来说明。吃了一口甜点后，简大声宣布："这是我吃过的最好吃的蛋糕。"这样的陈述是戏剧性的，但我们将考虑到它可能是真实的。然而，"这将是你尝过的最好的蛋糕"这种陈述将一个观点——根据定义，这是主观的——变成了事实，并将简带入了判断的范围。尝过甜点后，哈娜回答说："还不错。"由于哈娜的回答既缺乏适当的热情，也没有证实她的"事实"，简变得很恼火："你不知道你在说什么！"简未能认识到她的味蕾可能并不代表所有人的味蕾，这很能说明问题——她更应该指出哈娜不仅是错误的，而且是一个坏人，因为她持有不同的观点。

我们都有权喜欢或不喜欢，我们也可能相信其他人应该以我们的方式看待事物。然而，一个人越不健康，他们就越需要别人把他们的世界观作为自己的世界观。[13]在简的案例中，对立的观点和信仰几乎没有共存的灰色地带，因为它们代表着她的价值观和信仰体系——她叙事身份的DNA的存在主义受到威胁。她所坚持的真理就是她自己，必须不惜一切代价保护自己。[14]这就是她，如果你不喜欢她喜欢的，那你就不喜欢她。如果你不像她那样相信，那么，在她的自我中心中，无论是谁错了都将不复存在，而且不会使她消失。

让我们更深入地看看她的内心。

每幅画面都描绘了一个故事

在餐馆吃饭，一个人发现他们的服务员不太友好。最健康的情绪观点是不要往心里去，假设这个服务员可能过着困难的一天或艰难的生活。不管怎样，用餐者关注的是服务员的痛苦，而不是他自己的。然而，请记住，一个处于情感痛苦中的人会变得永远只顾自己。他的自我锁定了他的视角，无法走出自己的方式以他人的视角看待问题。以下情绪按照用餐者恶劣情绪增强的顺序出现，如果这种情绪是模式的一部分，则表明他的整体情绪健康状况：

- 女服务员很粗鲁。
- 这个地方所有的女服务员都很粗鲁。
- 服务行业中任何人都没有礼貌。
- 粗鲁的人是这个国家的问题所在。
- 粗鲁的人应该被枪毙。

第 15 章 寻求理智

对于不断重复第五种反应的人来说,这种痛苦是无法忍受的。彻底的不尊重直接切入他们的情绪核心,因为其被内化断开,"提醒他们"他们完全不值得。

我们遇到的每一种情况都像一本空白的书,直到我们用自己的思想写下剧本。例如,当有人对我们无礼时,这并不意味着什么。这个人的言行导致我们因为自我形象而对自己(或者没有)感觉不好。他们的观点和我们的自我价值有什么关系?没什么关系。但这正是自我所做的——它决定了我们的一切。

我们自尊心越强,就越不容易生气。当我们爱自己时,第一,我们不会假设某人的行为意味着他们不尊重我们;第二,即使我们得出了那个结论,我们也不会在情感上不安,因为我们不需要用他们的爱或尊重来显示自己有价值。我们不会感到痛苦,因为我们不害怕分离。我们不会受伤,可以自由地认识到其他人的行为的基础,也就是他们自己的不足和不安感。

随着自尊的侵蚀和自我的介入,我们对任何可能伤害我们的人和事都变得极度敏感。对任何质疑我们价值的情况都保持警惕,我们害怕自己不被爱或讨人厌。但这不仅仅是要保持警惕的问题。当自我被卷入时,这意味着我们积极地关注消极的一面。不可避免地,我们得出结论,所有的负面经历都是我们自身的缺陷导致的。我们得出的结论不会减轻我们的不安感和脆弱性,反而会加剧它们。我们在寻找自己不值得被爱和尊重的迹象。如果我们没有发现这些迹象,我们可能会说服自己,但即使是在善意的评论和偶然事件中,我们也已经发现了这些迹象,因此这种解释符合我们的叙述。

我们把别人行为的点点滴滴联系起来，来确认我们内心最深处的恐惧：我不配。暗示愤怒。缺乏自我价值感会导致一种不相称的反应或情况，在这种情况下，我们感到不被尊重或不被爱。通过自我，这个世界是我们心理营养的唯一来源。当我们觉得自己没有得到渴望得到的尊重时，愤怒和认知扭曲会用来抵御我们的脆弱情绪。

自尊和自我是成反比的。当我们自尊心很低时，自我膨胀，我们的视野变窄；就像跷跷板，一个上去，另一个就下来。一个人的情绪健康可以通过观察他们的观点和自尊得到合理的评估。在下一章，我们将看到真正的自尊是什么样的，以及为什么它如此容易与自信和虚张声势混淆。

第16章

自尊心理

自尊经常与自信混淆,但两者是完全不同的,区分开来很重要。自信是我们在特定领域或情况下的有效程度,而自尊是承认我们是被爱的、惹人爱的,并觉得自己值得在生活中得到好处。一个情绪健康的人可能自我感觉良好(有自尊),但不确定自己在某些情况下会成功(对自己的技能不自信)。例如,一个自尊心很强的人可能是一个糟糕的棋手,但她仍然喜欢自己。当她和一个更优秀的棋手下棋时,她会表现出自信心下降的迹象,但她的整体自我价值感却不受影响。

当然,一个试图通过强调某一特定特征来强化自我形象的人,在外行人看来可能表现出较高的自尊心,但实际上他的自尊心很低,因为他已经围绕着一种天生的才能或后天培养的技能建立了完整的自我认同。我很重要,因为我很漂亮;我很有价值,因为我很聪明。这种对价值的看法是由自我中心的心态定义的,这种心态迫使他与他人竞争——不断地比较、评判和不可避免地谴责,以使自己感到值得爱和建立联系。

一个人膨胀的自我并不来自极度的自尊,而是来自自我厌恶。[1]不要陷入一个陷阱,认为一个自我膨胀的人喜欢自己;自我和自尊是成反比的。不管一个人看起来对自己有多满意,如果他以自我为中心,这个人就会感到自卑。

像魔鬼一样奔袭

自我是虚假的自我,它的存在只是为了补偿内疚或自卑——接受自己没有能力去爱和接纳他人的一部分。傲慢是自我的一种表现,它培养一个人的态度、信念和价值观,以支撑一个摇摇欲坠的自我形象。这就是自卑的证明。

一个傲慢的人永远不会感到完整。他是一个情绪瘾君子,依靠他人来满足脆弱的自我——他是自己冲动的奴隶,无法超越自我。人们很容易把谦逊误认为软弱,但事实上,谦逊象征着力量和高度的自尊。[2]当一个人谦卑时,他就感到满足了。[3]谦逊让我们锻炼自我控制的能力,只有当我们能够做出负责任的选择时,不管我们想做什么,也不管别人怎么看,我们都能获得自尊——这是心理健康的关键。

从表面上看,一个傲慢的人似乎是被如此高的自尊心所驱使,以至于他无所畏惧,而事实上,他是被一种更大的恐惧所驱使,这种恐惧只是掩盖了其更直接的恐惧。这个人仍然害怕X(例如:看起来很傻,被拒绝,失败),但是对Y的更深的恐惧(如:贫穷,不出名,或者任何让他觉得更失败的事情)迫使他采取行动,尽管他有其他短暂的恐惧。[4]

这种人格类型表现出自信、蔑视和自以为是的态度，但他的表面行为并没有揭示自我真正的脆弱性——需要被认可和尊重。举例来说，如果这个人想积聚一大笔财富，他肯定会横行霸道，明显地不去给别人留下好印象。尽管如此，他以自我为基础的驱动力最终是一种以社会为基础的追求——一种会让他永远缺乏的追求，因为他依赖别人告诉他自己何时取得了成功。外表如此厚颜无耻，内心却如此脆弱。无论他变得多么成功，他都不会有成就感。

自恋狂的秘密

自恋是过于自尊的结果，这是一个众所周知的秘密。虽然自恋通常被定义为极度自爱，但事实上，它是出于极度自我憎恨。水仙（narcissus）是"自恋"（narcissism）一词的来源，自恋被定义为对自己和自己的外表或公众认知的执着。在希腊神话中，纳西索斯（Narcissus）是一个以美貌闻名的猎人。他的近代亲戚——自恋者，专注于外在和虚假的"自我"，正如我们所知，这不仅反映了他们的心态，也反映了他们的心理健康。

对自恋语言的分析强调了这种病理的起源并阐明了这种特征。与自恋最密切相关的一个因素是使用脏话的倾向。[5]这是由于对身体和性的过度关注——脏话一向都涉及身体部位、身体功能或身体行为。同样，必须考虑频率、持续时间、强度和环境。因此，与环境背景相关的粗俗语很难让人联想到更多的粗鲁的沮丧情绪。是不成熟的？是的。是病理学上的原因？不是。

普遍认为自恋为面对逆境提供了一个情感弹性库，这显然是不正确的。研究发现了相反的情况：自恋者对情绪困扰的生理反应（"战斗—逃跑—冻结反应"的激活）和对日常挫折特别敏感的压力感应系统增强了。[6]

自恋者对负面情绪的反应是，两种压力生物标志物——皮质醇和α-淀粉酶——的输出会增加。[7]简单解释就是：他们的沸点较低。虽然他们更容易被激怒，但他们可能在掩盖——并在不同程度上抑制——他们的恐惧和不安全感方面做得更好。自恋者不经常使用与焦虑和恐惧相关的语言（如"害怕""心烦意乱""恐惧"）。[8]他们也不怎么使用试探性语言（因此，他们不太可能使用诸如"也许""可能""希望"和"猜测"之类的词语）。[9]同样，当我们理解心理学时，推断力就出现了。他们的语言投射出力量来弥补弱点。[10]一个自我形象不稳定的人有一个语言轮廓，用明确的语言投射出自信来掩盖自己不可容忍的弱点和不安全感。[11]可以预见，高度焦虑的人的信念系统包括过度概括、僵化、孤立的信念，以及对其真实性的强烈信念。[12]

如果我不能联系，那么我会控制

我再说一遍：对我们情感（或生理）自我的威胁越大，我们就越害怕。自我告诉我们，我们暴露在危险之中。随着自我的成长，我们越来越认同它，我们开始相信它是真正的"我"，需要不惜一

第 16 章 自尊心理

切代价保护它。因此,对失去联系的恐惧变成了一种生存威胁。我们的生命危在旦夕。

控制是连接的代理。当我们缺乏自尊时,自我就会参与控制。它有双重目标:避免脆弱,这是联系所必需的(因此使联系成为一种不可能的策略),以及通过控制强迫联系(这同样是不可行的)。[13]自尊和自控就是这样交织在一起的。自我控制形成实际联系的能力——通过自尊和自我的减弱,并且真正的自主感才是联系所需要的。如果没有自由、独立的自我,那么我们就不可能与他人存在联系。

随着我们自尊心的下降,我们给予和接受的能力变得有限,自我开始进入"索取模式"。我们的自制力越差,我们越拼命地操纵周围的事件和人,尤其是那些我们最亲近的人——不管是公开还是被动进行的。低自尊会引发一种强大的无意识欲望,让我们篡夺权力,超越界限,虐待那些关心我们的人。当我们不喜欢自己的时候,我们会忍不住生自己的气。然后我们把它发泄在我们周围的世界和那些最关心我们的人身上。

游戏,面具和藏身之处

一定程度上,我们不能脆弱,我们寻求控制叙述。通过我们的生活和互动,我们讲述和推销我们是谁以及我们为什么存在的故事,并且必须计算和说明事件,以补偿感知到的或真实的错误和缺陷。[14]一个人戴的面具与其说是伪装,不如说是自画像。著名心理学家阿尔弗雷德·阿德勒创造了"自卑情结"这一术语,他解释说,心理试图补偿我们的不安全感,这通常会塑造我们的整个生活。我们甚至可能没有意识到自己的态度和行为(事实上,是我们的价值观和信仰)有多少是我们为了避免自我反省、补偿自我憎恨而设计的,并投射出一个不背叛二者的形象。

我们隐藏真实的自我以获得安全感。真实(忠于自己)使我们变得脆弱,面临被拒绝的风险。[15]对这种痛苦的恐惧驱使真正的"我"更深地隐藏起来,直到我们的存在只是为了保护我们的形象。这包括我们玩的所有游戏和我们戴的面具,都是为了向世界其他地方提供我们认为是"正确"的伪装,使我们值得被爱的伪装。自我的使命是不惜一切代价避免被拒绝的痛苦,减少痛苦的感受。

尽管低自我价值感(以及随之而来的脆弱性)迫使我们躲藏起来,但我们并不都躲在同一个地方。顺从型人格的人变得几乎看不见,藏在人们的视线之外——扭曲和曲解他们是谁,以绝望但徒劳的方式试图获得和保持与外界的联系。他们会变成任何他们需要成为的人,以避免对抗和规避拒绝(如果我对你言听计从,那你就得爱我)。他们的身份被为人接纳的需要束缚住了,他们成了典型的取悦他人者。他们会融入环境,变得情绪化缺席,以求"不制造任何波澜",避免断线的风险。他们相处融洽。这种性格类型容易患情感障碍。

占主导地位类型的人走到聚光灯下,隐藏在众目睽睽之下。[16]他们寻求金钱、权力、名誉——价值的幻觉,以便他们变得更有价值，更值得交往，尽管他们勉强接受恐惧和敬畏，并确保自己在远处受到崇拜。他们会变得自信和好斗，寻求控制而不被控制，闯入他人的界限来规范一段关系，强迫一种联系。同样，所有这些都是爱和接纳的替代品。[17]这种人格类型容易患人格障碍。

在极端的情况下，这两种类型中的任何一种都可能选择远离，也就是身体上的缺席，来维持控制的幻觉，并完全避免被拒绝的威胁。他们主动断开连接，以避免对断开连接的恐惧。如果他们不去依赖，那么他们就永远不会脆弱，永远不会暴露在伤害面前。他们过着孤立和绝望的生活。任何类型的从众或压力，无论是在时间上、日程上，或在某些情况下的社交礼仪，都是被鄙视的。

人格障碍的共同点比它与情感障碍之间的区别要大得多。虽然一个人的个性决定了他如何处理脆弱和不安全感，但自我中心的核心仍然存在。正如冰、水和蒸汽是相同分子的不同状态，不同的病理是同一主观能动性的不同状态。无论如何适应不良，任何患有人格障碍的人都渴望产生联系。在一种不为人理解的自卑感的驱使下，自我认为自己不配拥有人际关系，但又试图控制人际关系。[18]

那些患有自恋型人格障碍的人寻求金钱、权力和地位，从而觉得自己有价值，值得交往。边缘型人格的病理表现为需要得到不断的安慰。由于对被抛弃的深深恐惧，他们变得黏人，仅仅为了保持联系而沉迷于他人的生活，已经到了不健康的程度。如果他们觉得对方在疏远他们，他们也可能会因愤怒而迅速断开联系——造成痛苦或避免痛苦。表演型人格采取与自恋型人格相似的策略，唤起关注、同情、怜悯，甚至愤怒和厌恶。如果他们引起了你的注意，他们就拥有了他们渴望得到的联系。

  我们都有自我,所以在某种程度上我们都是无序的。然而,随着自我的要求越来越高,一些人的喜好也越来越强烈,这些人患上了人格障碍。正如我们所见,如果你知道要注意什么,就很容易识别障碍,除了最危险的一种:反社会人格。

第17章

揭露人格障碍

"反社会者"和"精神病患者"这两个术语经常被互换使用,部分原因是精神病学界对它们的起源、体征和症状缺乏共识。清楚的是,精神病患者的自主神经系统(包含交感神经系统和"战斗—逃跑—冻结反应")是不同的。相比之下,反社会者,尽管他们的状况可能带有遗传因素,却被认为其是条件反射的产物。反社会者并非生来如此,而是后天变成了现在的样子。这两个术语在临床上都被归类为反社会型人格障碍,出于各种原因,我们将使用反社会者来表示这两种类型。[1]

反社会者不是精神病患者。他们知道对与错,但根本不在乎。[2] 正确的事情总是符合他们最大利益的,他们相信自己的行为是完全正当的。因此,无论谁受到伤害,反社会者都不会感到自责。他们通过无所不能的自我来看待现实。人是物品和事件。除了他们自身之外其他什么都不存在。所有人和所有事都无关紧要。反社会者行动时不会产生焦虑,因为他们不害怕在生活中与外界失去联系。他们寻求支配和控制,不是将其作为一种联系的手段,而是作为一种目的本身。

对许多人来说,识别反社会者的第一步是最困难的:接受没有良心的人的存在。我们意识到这样的人就在我们中间行走是十分不快的,但如果忽视这一点就会很危险。

照亮隐藏的标志

并不是所有的反社会者都受到纪律约束;有些人缺乏对冲动的控制,并患有一系列上瘾和自我毁灭的行为和习惯。那些能够延迟满足和长线游戏的人是最危险的,因为他们一丝不苟、圆滑世故。懂得人情世故的反社会者通常会给人留下非常好的第一印象,让人觉得他热情开朗、善解人意,甚至觉得他是一位利他主义者。在《理智的面具》中,赫维·克莱克利博士写道:从外表上看,一个反社会者不会表现出任何"脆弱或奇怪的东西",而且"他的一切都可能暗示着其可取和优越的人类品质,以及强健的心理健康"。[3] 反社会者的诊断特征是众所周知的,例如表面的魅力、缺乏悔恨或羞耻心、病态性说谎、控制欲强的行为,以及滥交行为。他们也隐藏得很好——通常我们弄清时为时已晚。

反社会者精心雕琢自身人格,用来吸引和迷惑他人,从而维系和操纵他人。因为他们没有真正的联系能力,所以他们成为提升人际交往技能的大师——戴上任何他们需要的面具,玩任何当时需要的游戏,取悦和吸引许多或一个观众。

第17章 揭露人格障碍

过分吹嘘

这样的人不会感到内疚或羞耻。虽然他们不喜欢被抓、失控或暴露的后果，但他们倾向于要么相信自己所说的一切，要么觉得说出来完全有道理，即使是谎言。因此，即使使用测谎仪测试，也不可能检测出反社会者对欺骗的生理反应。他们的"战斗—逃跑—冻结反应"是离线的。[4]如果他们不感到紧张，就不会表现出血压、脉率升高，或皮肤电反应（手心出汗）变活跃。但是有些地方，反社会者会一次又一次地犯错。

一个反社会者经常在管理他们创造的印象方面做得非常糟糕，因为他们没有真正的自我意识。他们每天都戴着面具，所以就好像他们在面具上戴了一个面具。例如，当他们撒谎时，最终他们听起来像一个诚实的人，而不是一个真正诚实的人。记住你不应该出卖真相。一个反社会者听起来像一张破唱片，会使用令人生厌的过分吹嘘的短语，以及陈腐的表达和老套的陈词滥调，作为他们争论或叙述的中心内容（详见第7章）。

因为这个人擅长表演，擅长展示形象，所以他们扮演了一个真诚的人的角色。但是事先声明，他们做得过火了。以眼神交流为例，他们经常进行极端、不舒服的眼神交流，因为我们都知道说谎的人会看向别处，他们会向你展示他们有多真实。因此，他们的目光通常会延伸到舒适区之外，直到你感到不安为止。这个人的目光通常具有强烈的穿透力，比一个诚实表达自我的情绪健康的人持续的时间更长。

另一个例子是假装脆弱的表现。他们可能会通过让自己看起来温顺、谦逊来展示他们的"极度谦逊"。不熟练的观察者可能认为这是未被掩盖的社会路径。其实这是另一个面具。[5]真正的谦逊是建立联系的有力工具，原因如下：一个人大步走进房间，高昂着头，带着淡淡的微笑，肩膀向后仰着，充满自信。这是一个骄傲的人？也不是。无论是短暂的互动还是长期的关系，如果一个人只顾自己，他们不会与其他任何人建立联系。这就是为什么我们会被傲慢的人所排斥，而被谦逊的人所吸引。一直以来，提升魅力的核心是尽可能表现出自信——这样令人印象深刻。但是这种传统观点是不正确的。没有谦逊的自信等于傲慢，这让人很倒胃口。没有人喜欢自以为是的人，反社会者对此再清楚不过了。人们天生被谦逊所吸引，这是真正自尊的标志。

更高的自尊→更小的自我→谦逊→联系
更低的自尊→更大的自我→傲慢→脱节

表明自己的错误能展现自我真实性和信任，这两个特征提供了一种加速的联系。同样，也提示我们反社会者走极端了。他们无法校准他们的印象管理。他们就像一个演员，努力想如何表现出一个迷人而有趣的角色。他们可能会温顺地站着，放下不安感，或者对你表现出过度的感兴趣、尊重或敬畏。尽管这可能会让我们自我陶醉，但你能从第九章知道，奉承很容易破坏我们的判断。[6]

圆滑的反社会者会用他对人类所有事物的爱来取悦他人——正义的事业和道德追求。[7]他的优秀品质得到了充分展示。他的致命缺陷还是在于他过度吹嘘和低估了自己。而当他觉得没人看他的时候，他从来不扮演。如果你留心的话，你会发现他说的和做的很不一致。

上述迹象可能会有帮助，但很难确保。如果说情绪健康、诚实的人永远不会进行过度的眼神交流，也不会尽力让你相信他们真心相信的事情，这是不正确的。当然，谦逊的标志和假装谦逊还是很容易混淆的。

面具后的窥视

反社会者回避可能引发自己不可控的情绪，尤其是恐惧之类的情况或话题。在交谈中，童年艰难或单恋的话题不会出现。如果话题出乎意料地触及他们情感的脉络，他们可能会表现出不一致的情绪（如：当谈到小时候饥饿和无家可归时，他们会略略地笑），这是最后一搏的自我防御机制的一种功能。我们把一个人和另一个人做对比，一个人可能会用幽默作为防御机制，另一个人会用自身视角提供一种扭曲的观察。正如马克·吐温曾经讽刺的那样："喜剧是悲剧加上时间。"因为他们需要感觉自己无所不能（这与依赖的内在本质形成对比），反社会者很少谈论他们的情感或社会需求。然而，他们会随意地谈论对金钱、权力和控制的渴望，以及对食物和衣服等生活必需品的渴望。

在他们的要素和控制中，反社会者披着神秘莫测的外衣。他们的行为和互动丝毫没有暴露他们真实的自我，但是会打破他们的平衡，你可能得到的不是一个有分寸的反应，而是一个真实的反应——窥视到面具后面的东西。然后,我们观察他们在失去控制的情况下,如何在脆弱的水域中航行。

碰壁

反社会者——或者有其他病态人格特征者——知道如何按下正确的心理按钮来控制一段关系。一旦他们获得了一定程度的顺从,他们就会试图破坏目标的情绪稳定性。这就是为什么他们喜欢让人捉摸不透(大多数人格障碍者都有这个共同点)。有时他们的行为,比如忽冷忽热,是由于特定的紊乱;其他时候,这纯粹是战术性的策略。[8]

你越失去平衡,他们就越能控制你。他们的意图是破坏你的安全和保障,包括你自己和你与他们的关系。他们想让你感到不确定和不安。他们知道你越不放心,你就越愿意忍受他们(一般来说)或者满足他们的即时要求。这是因为我们仍然需要联系。我们越害怕失去这种联系,他们就越能控制我们。让你感到被接受、有安全和有保障的钥匙就在他们的口袋里。

他们的姿态可能会变得咄咄逼人。或者,他们可能会一言不发地尖叫、封闭自我。他们制造痛苦。当他们用无线电静默攻击你的不安全感时,你会害怕他们断线。虽然看似矛盾,但屈服给我们提供了一种控制感。当我们允许自己被控制时,任何情况和其他人的行为会遵循一个熟悉的轨迹,这样确保了一个可预知的结果。一想到接下来会发生什么,就会感到太过分了。自我必须选择阻力最小的道路来避免最大的灾难,那就是未知。

全面战争

当反社会者感到他们对你失去控制时,他们最坏的性格倾向很快就会暴露出来。当他们发现你"不听话"时,他们会不出所料地进入全面攻击模式。他们会向礼貌的外表说再见。他们会向任何愿意倾听的人——朋友、邻居、同事——猛烈抨击、指控你和关于你的一切。他们会用他们的口才编织关于你和你的错误的幻想故事。他们会撒谎。他们会编造故事来毁坏你的名誉。他们会赢得舆论的支持,让人们反对你,并通过这些中间人来攻击你。

他们都急于将你告上法庭,因为对他们来说,游戏的名字就是权力。他们越能让你紧张,他们就越能控制你。在法庭上,他们会提交无休止的动机,提出毫无根据的指控,从而削弱你的力量。冲突激发了他们的活力。调解或仲裁就是浪费时间,因为他们对讲道理一点兴趣也没有。他们不会让步。任何他们这样做的迹象都可能是一种争取更多时间的策略——从情绪、身体和经济上榨干你。

不管一个人的个性或伴随的紊乱症状如何,我们的情感幸福与我们所拥有的关系的质量有着不可分割的联系。研究证实了我们所知道的事实:形成和维持良好关系的能力对我们的心理健康至关重要。[9]在关系领域,一个人,即使是反社会者,也不能不暴露自己。最重要的是,你将会看到有很多需要注意的地方,在为时已晚之前。

第18章

关系的反映

我们认识的情绪健康的人通常喜欢积极的关系。相反,那些看起来和任何人都合不来的人可能有很多情感问题。生活中的许多不快乐源于失败或失败的关系,我们的情感健康依赖于并促进了人际关系的质量。著名精神病学家、现实疗法的创始人威廉·格拉瑟写道:

从40年的精神病学实践来看,对我来说很明显,所有不快乐的人都有同样的问题:他们无法与他们想相处的人相处融洽。[1]

让别人进入我们的情感空间,并进入他们的情感空间,需要减少"我"。当"我是我,他是他"的墙被打破时,就有了联系,产生了一种纽带。要成为某人生活的一部分,我们需要为那个人创造空间。如果一个人太自私,就没有空间给其他人。我们给予爱和接受爱的能力即使没有完全丧失,也是很紧绷的。[2]

那些处于情感痛苦中的人变得更专注于自己。这类似于身体上的疼痛，例如牙痛的人很难专注于他人的需求。自我中心心态的典型特征是傲慢和虚张声势，但即使是看似缺乏自我的顺从人格也可能是以自我为中心和自私的。他被自己的痛苦吞噬，充满自怜，淹没在自己的痛苦中，无法感受到别人的痛苦。[3]这样的人除了自己之外，与任何人都没有真正的联系，尽管他看起来很高尚。他不会也不能给自己增加负担，除非他以接受或认可的形式得到更大的回报。他的索取被伪装成给予。他的恐惧被装扮成爱（他的动机也可能是为了减轻负罪感或不胜任感，但他的目的仍然是减轻自己的痛苦，而不是别人的）。

我们越自尊，我们就越完整。毕竟，接受是给予的自然而互惠的结果。给予和接受的循环是完美的结合。事实上，研究甚至表明，当一个人给予时，大脑的某些区域会表现出较高的活动水平。给予真的会让大脑兴奋。[4]然而，当我们只索取时，我们会感到空虚，被迫重复索取，徒劳地试图让自己感觉完整。不断索取只会强化我们的依赖性，继续消耗我们和他人的精力。

每一种积极的情绪都源于给予，从我们身上向外流向他人，而每一种消极的情绪都围绕着索取。不要混淆爱的欲望。当我们贪恋某人或某物时，我们会考虑他们（或它）能为我们做什么。然而，当我们爱时，我们的思想沉浸在我们能给别人什么上。给予让我们感觉良好，所以我们快乐地给予。但是当我们渴望时，我们只想索取。当我们爱的人痛苦时，我们会感到痛苦。当我们渴望的人处于痛苦中时，我们只考虑损失或不便对我们意味着什么。

消除错误的积极性

了解了更多的心理学知识后,你会发现通过一个人说话和行动的方式更容易发现他的低自尊。尽管如此,失误的可能性仍然存在。例如,一个为了被喜欢而"付出"的人,乍看之下,常常会与一个认为付出是正确的事情或因为想付出而付出的人混淆。同样的动作会基于他们的意图造成两种截然不同的情绪印记,这就是捐款和被抢劫的区别。在这两种情况下,钱都是从一个人流向另一个人,但一个行为是授权,而另一个是被剥削。因此,一种行为增强了自尊,而另一种行为则导致情感流失。如果你是出于恐惧或内疚而付出,你的自尊并没有得到满足;事实上,它减少了。你并没有真正付出,只是另一个人拿走了。你被利用了,在你同意的情况下。

假设你注意到有人习惯性地默认别人的意愿,这是因为他真心想帮忙,还是因为他害怕说"不",或者觉得不值得表达自己的感受?仅仅观察他的优雅行为,我们无法区分一个谦逊而又有自尊的人和一个让自己成为受气包的人。[5]同样,我们也不能假设一个为了和平而让步的人自尊心很低,需要避免对抗,或者他认识到了什么是重要的,所以把自我抛开了。同时,坚持自己的立场可能意味着反抗和蔑视,这是极端傲慢的表现——我从来没有错,总是另一个人的错,这反过来又源于自卑。然而,也许,不默许意味着某人选择加强适当的界限,不允许自己被一个试图利用自己情绪的人所操纵。

谦逊的特质——自尊的种子，是如何转化为可观察到的迹象的呢？尤其是当某人的行为与相反的行为几乎无法区分的时候。

关系的印象

下图展示了消极空间。聚焦在白色图像上，我们看到一个花瓶；聚焦于黑色空间，我们看到两个侧影彼此面对。每个空间，积极的和消极的，都定义了另一种。

我们敏锐地观察到自尊是一个人的关系的反映，并体现在三个主要领域：一个人的历史和模式，互动和交流，以及边界和界限。

历史和模式

俗话说："智慧是从错误中学习的能力。""智慧是从别人的错误中吸取教训的能力。"观察某人的人际关系质量，以及他如何谈论他生活中的人，包括过去和现在。他有几个多年的好朋友，或者有几段短暂的友谊？他如何谈论他的家庭？他的兄弟姐妹？他的父母？他会为任何恶化的关系承担责任吗？还是所有的关系似乎都蒸发成了痛苦的失望和怨恨？在这里提醒一句：你必须让证据说话，而不是依赖于这个人自己对他的关系的描述。有些人是这个世界上"最好的朋友"，他们爱每个人，他们错误地认为每个人也爱他们。这种人对别人如何看待他们有着浮夸和错误的看法。

在职业领域，问求职者的最佳问题是关于他的上一份工作、上一位老板和同事的开放式问题："告诉我你在XYZ公司的事情"或者"描述一下你和同事的工作关系"。然后注意他如何谈论他以前的工作，密切注意他的措辞（如："没人理解我""他们从来不把我的想法当回事""我的老板想找我麻烦""我和我的主管有性格上的冲突"）。如果你想找一个对自己的个人成功和人际关系承担一定责任的人，这并不意味着他没资格拥有复杂的感情和一点恶意，但如果一个人情商低到认识不到他是在表达怨恨、敌意或恶意，这本身就是一个危险信号。为此，要小心任何大胆、宽泛或笼统的陈述，这些陈述会带来持续的挫败感（如："每个人都在为自己着想""你不会相信那里发生的疯狂的事情""那里没有人喜欢为我们的经理工作"）。他的看法令人担忧，而他缺乏判断力更令人担忧。

互动和交流

缺乏自尊的人可能沉溺于做满足自己欲望的事情，却不会对别人特别好。或者他可能过度迎合他人，因为他渴望得到他们的认可和尊重，但他没有照顾到自己的需求。只有真正有自尊的人，才会善待自己，善待他人。当我说一个人性格好的时候，我不是指他追求短期的满足。更确切地说，他投资于自己的长期福祉，并对他人友善，不是因为他们会喜欢他，而是因为这是应该做的事情。

在这里，我们特别感兴趣的是，一个人如何对待他"不需要很友善对待"和"不需要给人留下深刻印象"的人，如服务员、接待员或门卫。你还需要注意他是如何对待那些无论他的行为有多恶劣都不会离开他的人的，比如一名员工或依赖他的家庭成员。

警惕人格不一致的双面人。他可能对我们很好，但对其他人就不那么礼貌了。当然，如果他对我们不好，但对其他人很好，我们也就知道我们有问题了。然而前者也是一个问题，因为它表明他为了自己的利益正在调整他对我们的行为；他对我们的行为并不反映他真实的自我。

一个尊重自己的人能够尊重他人，从而正直地做人。他是否做出承诺并信守承诺——无论是守约还是帮助需要帮助的朋友？还是总会出现一些事情，妨碍他坚持到底？他是一个守信用的人吗？他可信吗？当他借东西的时候，他会完好无损、毫不拖延地归还吗？还是你必须不断地追着他偿还债务或履行义务？他对真相小心翼翼吗？即使是以他自己为代价？或者，他说的谎言是为了推进他的个人议程还是为了利用他人？[6]

边界和界限

糟糕的自我形象通常会转化为漏洞百出的边界——因为如果一

个人对自己没有一个清晰的定义，他就无法认识到——在自己和他人之间什么是恰当的。这可能表现为一个长期需要帮助的人，他要求从每一个自己制造的危机中被解救出来，或者表现为一个控制型人格，会强行进入他人的空间。

健康的界限不是用来把人挡在外面的，而是用来定义我们的空间和我们的个人责任感。考虑到这种关系，这个人对适当的行为有清晰的认识吗？她会对刚认识或几乎不认识的人提出不合理的要求吗？她相信回报，还是更喜欢索取？

我们应该问问自己，她是尊重还是违反了规则和他人的权利。例如，我们说："我在节食，请不要拿蛋糕。"但她还是拿了，因为她不能空手而归。他说他能修好我们的电脑，即使我们告诉他不要，他还是拿走了，因为他想通过修好它给我们一个惊喜。轻微违规？也许是，也许不是。模式的存在与否回答了这个问题。正如我们在第4章中从容易发生情感障碍的学员那里了解到的那样，每当一个人在给定的动态中频繁地与他们的状态不一致时，这就是一个危险信号。

根据关系的性质，越界者会制造心理压力，激发我们潜在的不安全感。你越质疑自己，就越不会质疑他。这是他最喜欢的战术之一。

人们天生需要以一种与他们如何看待自己以及他们认为他人如何看待他们相一致的方式来做出表现。试图强迫他人的人可能会运用这种心理，将友谊、家庭、伙伴关系、对工作的承诺、体面感——大多数人渴望认同的所有品质——结合在一起。诸如："有

第18章 关系的反映

些人不知道'家庭'或'忠诚'的定义,这难道不令人惊讶吗?"就是这么强大。当涉及一些人(也许甚至是我们自己)时,我们可能会特别脆弱,因为:第一点,我们需要认为自己是善良和高尚的,更容易接受他人的意见;第二点,我们更需要内在的一致性。为了减少不确定性,我们更愿意看到他人、世界,当然还有我们自己是可预测和稳定的。

操纵者的"撒手锏"是让你为没有帮助他们而感到羞愧。他们提醒你有多坏。他们也会令人信服(因为你在一定程度上相信他们是对的)。断绝联系的威胁产生了恐惧,他们再次试图绕过你的逻辑防御。你变得狂躁不安,想要熄灭羞愧的余烬,这只有通过"正确对待它们"才能实现。出于同样的原因,有些人(也许是你)因为害怕被拒绝而很难说"不",他们听不到"不",因为它被内化为拒绝,这强化了他们自己对无价值的根深蒂固的恐惧。

尽管这些行为的持续模式指向人格障碍,但我们应该再次提醒自己,有时,即使是我们当中最健康的人也可能诉诸这些策略。这个人可能处于合法的痛苦之中。操纵并不总是有意识的。然而,即使他的操纵是有意识的,你可能仍然有一个很好的理由说"好"。有一个例子:假设你年迈的姨妈想让你去拜访她,并告诉你她几年后会怎么样,谁知道她还能活多久。这是一种只有家人才能带给你的充满爱意的内疚之旅。你能看穿姨妈的企图劝说,但不意味着你应该抛弃自己的良心或责任。

其他违反边界的行为包括:

- 对一个他几乎不认识的人发表不当言论，问让人尴尬或非常私人的问题，而没有至少一个随意、敷衍的前言或之后真诚的后悔。
- 忽视社交暗示，侵犯他人的个人空间。此人无法解读人们对其行为的反应（如：他太大声讲话，其他人表现出明显的不适迹象，但他没有察觉，以及他说话时站得太近）。
- 具有性诱惑力或过度轻浮，与刚认识或几乎不认识的人很熟（如：对第一次看病的医生直呼其名并拍拍他的背；拥抱甚至不认识他的人）。
- 听不到"不"，非常强势，或把自己的意见强加给别人（如：主动提出做某事，忽略"不"这个字，即使这个字被说了很多次；忽视某人对做某事感到不舒服的明确表示；忽视别人的观点，把自己的观点强加给他们；不考虑别人的愿望）。
- 忽视社会规范和普遍界限。这个人尊重法律和秩序、结构和文明吗？还是他无视社会规范，觉得法律和规则对他不适用？

一定要过滤掉错误的积极性。情绪健康的人能够在适当的时候寻求帮助，而不是让骄傲或尴尬的情绪——自我的一种功能——挡在路上。一个人告诉你，他感到胸痛时，不要叫医生或救护车，因为他"不想让任何人对此大惊小怪"，这不是最佳心理健康状态。这种人会把自己的金钱随意扔进"拿一便士，留一便士"的慈善箱里，却很难从中索取一便士。他可能会答应别人无止境的要求，但不会向别人要求哪怕是最微小的帮助。

第18章 关系的反映

当这种帮助是合理的时候,一个有适当界限的个体愿意并且能够提供帮助。与此同时,他可以以一种负责、直接、不做作的方式向他人寻求帮助。

我们与他人的关系越健康,我们就越健康,我们就越能负责任地朝着我们的生活目标前进,而不需要自我导向的认可,也不屈服于盲目的即时满足。同样,我们对生活的方向和节奏越满意,我们对自己就越不沮丧,对他人就越宽容和耐心。我们对自己让步越多,我们就越要求世界接纳我们,这为不健康的互动和关系创造了条件。但是正如我在整本书中提到的——人格引导病理。不是每个人都把他们的问题变成你的问题。在下一章,我们将学习如何微调我们对那些内心默默承受痛苦的人的解读。

第19章

高潮和低谷以及其间的痛苦

　　狭隘的视角意味着一个缩小的世界和一个扩大的"我"。人称代词（如"我"）的频繁使用定义了自我中心的体验，因为情绪困扰使一个人的注意力朝内。正如我们所料，患有焦虑症或抑郁症的人使用人称代词的比例更高。[1]他们说话也更直接，使用现在时态动词，表明他们缺乏洞察力或心理距离。[2]当他们压力较少时，他们的语言带有失败主义的色彩（如使用"不知所措""淹没""粉碎"等词）。他们的心态不是克服，而是被克服（如："我再也受不了了""我正在失去它""我要崩溃了"）。

　　抑郁性的自我聚焦风格，主要表现包括强调负面而非正面刺激，以及对负面想法和恐惧的沉思。[3]即使是一件微不足道的事情也会使他们丰富的想象过度活跃，迅速增长的恐惧和焦虑吞噬了他们。他们的生活变得充满了"永无止境的悲剧"，其实这些悲剧从未真正发生过。

第19章　高潮和低谷以及其间的痛苦

聚焦错觉

无法摆脱担忧的想法会使他们的情绪进一步下降。[4]他们过多关注消极的想法和冲动，这种行为提供了维持自身所需的能量，从而给生活带来了痛苦。

创造了"聚焦错觉"这个术语的丹尼尔·卡尼曼解释说，当你思考它的时候，没有什么比你认为的更重要。[5]在很大程度上，当我们转换注意力时，它就失去了吸引力。随着我们的视野变狭窄，我们就无法做到这一点，就失去了对自己思想的控制，让它们变得无所不容。螺旋不断自我强化。[6]我们的时间和精力提升了思维的重要性。我们有逻辑地得出结论，这一定很重要，否则我为什么要花这么多时间去想它？例如，一个有几份工作邀请的人可能会看到并客观地评估每份邀请。然而，当一个人失业两年，厨房桌子上有一大堆账单，并最终获得一次工作面试机会时，他的视角就不同了，变窄了。他的思想变得无所不容。他会在脑海中反复回顾面试，不停地思考，纠结于每一个细节——一直担心自己会得不到这份工作。事实上，他预计他不会得到这份工作。

自我倾向于停留在最坏的情况，以保护自己免受不快的意外。心理学在起作用：如果有人追尾了你的车，你可能会感到震惊和愤怒，这是可以理解的。但是如果你在早上知道这将在当天晚些时候发生，当那一刻到来时，你会感到不舒服，但不会感到惊讶，因此只会有一点恐惧或不会感到恐惧。理解这一点至关重要：恐惧的存在是因为失去了控制。发生了一些不仅是不希望的，而且是没有预料到的事情，就像自我试图控制他人和环境一样，它会调整我们的期望并让我们做最坏的打算，我们会自动消除任何特定情况下的意外因素。因此，我们削弱了我们的震惊和失控感，因为我们早预测到了。我们必须是正确的。实现的期望提供了一层变态的解脱。

这是一次真正的组合拳。自我聚焦于负面，而注意力本身赋予我们聚焦的对象更大的重要性，放大它的重要性，这又强化了我们要给予更多注意力的需求。然后我们陷入越来越狭隘的观点，情绪变得不稳定。只有我们的情绪变坏和波动才有意义。对于那些记分员来说，自我以五种方式腐蚀了我们的心态：（1）它选择我们关注的东西；（2）它让我们看到我们周围的一切；（3）它得出结论，所有负面的经历都是由于我们自身的缺陷；（4）它放大了我们关注事物的相关性；（5）它让我们相信我们可以想办法摆脱我们无法控制的局面或理解不可知的东西。

感觉忧郁，但不是对你

我们可以假设一个患有情感障碍的人会在他们的语言中大量使用负面情绪的形容词和副词（如"沮丧""孤独""失落""生病""悲伤""不安"）。但情况并不总是如此。[7]感到焦虑或悲伤的人实际上可能会避免使用这些词语，以便向他人隐藏他们的真实感受。[8]他们会缓和负面情绪的披露，以避免疏远他人并进一步孤立自己。[9]研究结果表明，只有私下（如在个人日记、匿名博客和论坛中）使用而不是公开地使用负面词来披露自己的负面情绪，才能表明自身抑郁状态。[10]然而，在公共和私人论坛中大量使用积极的语言与抑郁呈负相关。换句话说，我们很容易过滤掉消极的东西，但是很难使用积极乐观的语言，因为我们没有感受到。公共课程和公开对话揭示了一个人通常缺失的东西。最不涉及抑郁的话题和语言不仅包含许多积极的情感词汇（如"大笑""哈哈""爱""想念"），还包含与家庭活动（如"汽车""周末""家""家庭"）和社会活动（如"食物""今晚""狗""跑步""晚餐""天气""周末"）相关的词汇。[11]

在开放但谨慎的交流中，另一种语言信号在有意识的雷达下穿行：之前提到的绝对主义语言的使用比名词类型的词或负面情绪词更能反映情绪障碍。[12]与19个不同的控制论坛（一般兴趣网站）相比，绝对主义词在焦虑和抑郁论坛中的流行程度高达50%，在自杀论坛中高达80%。[13]绝对主义词也是判断未来抑郁复发的更准确的预测因素。[14]

身心关联

虽然心理或情绪问题可以归入精神健康障碍的大类，但它们与我们的身体健康直接相关。心理障碍通常表现为心理（精神和情感）和身体（生物和生理）症状。例如，患有临床抑郁症的人通常表现出身体症状，例如隐隐约约的疼痛、失眠、疲劳、能量耗损、胃肠问题、食欲变化、慢性关节痛、体重显著增加或减少以及精神运动变化（如较慢的运动或加速的激烈运动）。那些患有情绪障碍的人出于各种原因更容易遭受身体上的痛苦。

无法培养健康的人际关系加剧了情感上的（通常也是身体上的）孤立。感觉孤独或经历孤独，比任何其他因素都更容易导致极端的压力和免疫系统的全面削弱。功能性磁共振成像（fMRI）扫描显示，当你感受到孤立时，大脑中处理身体疼痛的两个区域——背侧前扣带皮质和前脑岛——会被激活。[15]这解释了为什么重度抑郁症与疼痛阈值降低有关。[16]

绝望和"放弃"的感觉会触发自主神经系统和垂体肾上腺系统，从而损害免疫系统，并对我们的生理和身体功能产生连锁破坏。[17]持续的焦虑会导致内啡肽释放。内啡肽是身体产生的内源性吗啡，通过减少大脑神经元吸收的疼痛程度来调节疼痛。更多的内啡肽意味着更少的疼痛冲动。[18]此外，持续的焦虑使我们进入"战斗—逃跑—冻结区"，随后皮质醇和肾上腺素水平会对我们的器官和身体功能产生毁灭性的影响。

司机还是乘客

频繁使用人称代词"me"表示自我关注，但与代词"I"不同，它几乎总是以被动时态使用，可能表示被动倾向或一种无助感和易受伤害感。[19]有些人不会如此默默地承受痛苦。当虚伪的外表失去光泽时，痛苦就会自然流露。[20]我们听到的几乎都是"me"。

消极表现在抱怨和责备中，因为这些行为既关注自我，又与无助感相关。这些人可能会经常抱怨,并发出没有人会为他们做任何事情的信息来调动他们周围人的负罪感和责任感。[21]他们告诉你,他们的痛苦是他们以外的某人或某事造成的结果(如:"你让我难过""所有这些噪声都让我感到焦虑")。这并不是说这种相关性不存在,而是说完全无法掌控自己的情绪状态意味着情绪障碍,因为从逻辑上讲,如果我们的感受是由外部原因直接决定的,那么我们也会变得焦虑并最终抑郁。

威廉·格拉瑟博士写道:"抑郁或神经质是被动的。它发生在我们身上,我们是它的受害者,我们无法控制它。"[22]语言学家认为语义不正确的句子是不合逻辑的。比如,"我的朋友强迫我有蓝眼睛"这句话。没有人会认为这句话是真实的。然而,我们很容易接受"我的朋友让我生气"这种语句。尽管这两种语句在语义上是相同的,但根据语言学家的语句,在结构上是不正确的。

当第一个人,也就是引起愤怒的人,与经历愤怒的人不同时,这个句子就被认为是语义不良和不可接受的。这种类型的句子出现语义不良的情况,是因为从字面上看,一个人不可能在另一个人身上创造一种情感——因此,我们拒绝这种形式的句子。所以这种类型的句子确定了一种模式,在这种模式中,一个人把自己情绪的责任分配给不受他控制的人或力量。行为本身不会引起情感,更确切地说,情绪是从一种模式中产生的反应,在这种模式中,一个人对他所能控制的经历不承担任何责任。[23]

当我们把情绪的责任归咎于我们控制之外的人或力量时,我们就成了一段经历的客体或结果,而不是原因。能动(一种对自己生活的控制感）和交流（一种与他人联系的感觉）的主题不断上演。记住，缺乏自我控制会抑制联系，而自我会控制他人并强迫联系。这个等式又回到了我们负责任的能力上：自控导致自尊，减少了自我和与他人联系的能力；它使交流成为可能。在我们的生活中感到无能为力——无助和无望实现积极的改变——与不良的情绪健康相一致。[24]研究发现，具有能动和交流的个人叙述与积极的情绪健康相关。[25]

为了保持情绪健康，我们需要相信，如果我们采取行动X，它会影响结果Y。习得性无助是心理学家马丁·塞利格曼（Martin Seligman）创造的一个术语，当一个人觉得既然他无法控制自己，他还不如放弃自己。塞利格曼坚持认为，当人们认为他们的行为无法影响他们的结果时，他们会有一种无助感。[26]随之而来的徒劳感——我们做什么无关紧要——最终会导致不可避免的痛苦，那就是我们是无关紧要的。

多项实验表明，处于无法自控的不愉快环境中的人，以后会变得嗜酒如命。有这样一个实验：受试者被暴露在极高的噪声中。按下一个按钮，一组可以停止噪声，而另一组不能停止噪声。过了一会儿，当两组人被召集到一起时，组中对噪声无能为力的人——无助的人——在被要求参加一项运动或游戏时表现出很少的兴趣，也没有表现出获胜的动力。[27]

当某人的能动性受到严重损害时，他们会放弃真正的"我"，让自己成为受害者。[28]他们认为，其他所有人都是在完全受制于外力的情况下做出决定的，他们无法掌控或做出改变。[29]这些人无法将自己视为体验的发起者；相反，他们是命运和环境反复无常的牺牲品，或是无情欲望和冷酷社会的牺牲品。[30]

自我是一台制造意义的机器。当它导演时，它会把自己和它的世界塑造成它选择的任何角色。有趣的是，它不会总是把自己塑造成英雄，而把其他人塑造成恶棍。有些人宣称自己一文不值，这种情况并不罕见——感到受伤、糟糕、破碎，以致无法修复或指责。这种无意识的动机，自我驱动的策略巧妙地回避了他们的责任，因为他们不"值得"快乐。他们因此避免了责任的痛苦和义务的负担。无法面对生活的合法挑战，这种类型的自我精明地改变策略，宣称自己是命运、环境或他人残酷纵容的牺牲品。

当我们把自己情绪的责任交给我们控制之外的人或力量时，我们就成了一个客体或经历的结果，而不是原因。

无论叙述什么，我们都被这些模式所束缚，而且我们经常操纵事件按照我们的期望展开。这是我们需要的世界。正确比快乐更重要。我们调整整个生活来适应我们的故事。

从神经病到精神病

神经病和精神病有什么区别？把神经病想象成焦虑、不安、失智的恐惧。我们大多数人在某种程度上都患有神经衰弱症。有严重神经质倾向的人很难适应和应对变化，也无法发展丰富、复杂、令人满意的人格。明显的神经质倾向可以表现为情感障碍和人格障碍。精神病与现实决裂。

我们已经知道，自我配备了一系列精心设计的防御机制，以有效应对生活中的小（也不那么小）颠簸。然而，当创伤袭来时，一个人的个人叙述需要快速而大胆的重写。[31]当我们无法将创伤经历融入我们的叙事时，就必须做出一些让步。患有极度抑郁症的人可能会悲伤地试图自杀以离开现实世界。患有精神病的人留在物质世界，但也放弃了现实。

当一个人将现实扭曲至与现实毫无相似之处的程度时，精神病就产生了。他失去了与现实的联系。比如，产生幻觉。他可能会听到、闻到和感觉到一些不真实的东西。他也可能有错觉，并抱有不真实的强烈信念，比如认为他在和总统说话，或者更邪恶一点，认为他在和魔鬼说话（也许在某些机构中是一回事）。迫害妄想症最常见。这意味着他们感到被剥削、被骚扰、被控制或被跟踪。他们可能认为有人将他们的想法播放给所有人听。他们的思想可能会被扭曲，认为"这不是自己的思想"。[32]

虽然精神病是精神分裂症的症状，但在双相情感障碍中也很常见。这些精神病特征可以是情绪一致的（与他的状态一致）或情绪不一致的（与他的状态冲突）。在躁狂状态下，情绪一致的夸张感可能会随着相信自己拥有魔力或与名人有特殊关系而放大。在抑郁发作期间，罪恶感、无能感和羞耻感可能会扩大为听到谴责的声音或产生错觉，认为自己造成了巨大的伤害或犯下了滔天大罪。

当一个人的情绪健康变得越来越脆弱，这些联系就变成了脆弱、不安、自我厌恶的自我强行构建，它本身就处于愤怒、报复的宇宙的中心。一个人的假设从一般（如"我恨自己，所以你一定恨我"）到具体（如"我对我的头的形状没有信心，所以我看到你盯着它，这证实了我的信念，它是畸形的"）。他会"看到"他需要看到的，相信他需要相信的，以此向自己证明他是全知全能、一切尽在掌握的，感到安全、安心。他不能脆弱，所以他操纵自己的世界观，直到其适应自身的不安感（与反社会者形成鲜明对比，反社会者扭曲和改变他人，直到他人适应自己）。

甚至他人的想法、感觉和意图对他来说也是"已知的"，缺乏逻辑依据，甚至有相反的证据（如："我知道你生我的气了""我觉得你对正在发生的事情很好奇"）。具有讽刺意味的是，一个人越不健康，他就越相信自己拥有看到、知道和预测周围世界的能力。事实上，他不太能识别因果关系。为了弥补他的缺陷，他在行动和结果之间建立了自己的联系，自然而然地加重了他的病情，因为当不可避免的违约行为发生时，他会更深地退回到自己的假设中。

迷信只不过是精神病的一种淡化形式——渴望在不存在的地方建立联系。当因果关系模糊时，迷信就产生了。这会让我们成为宗教仪式和强迫行为的虚拟奴隶。我们需要一些控制感，所以我们在一个事件和一个行为之间画出我们自己的关联。例如，如果我们敲三下门，那么会议就会顺利进行。这些类型的行为给我们一种被授权的感觉。现实被自我自身导向的关联所取代。既然一个人找不到某件事的意义或重要性，那么他就去创造关联。

语言标记

有时，即使是我们当中情绪最健康的人也会变得疲惫不堪、不知所措，或者心烦意乱，无法平静清晰地说话，没有理由地感到惊慌。然而，缺乏连贯性的简短句子模式——从一点到下一点间的明确联系，可以表明个人精神病的存在或发作。

利用计算机对语音模式分析，研究人员不仅能够诊断精神病，还能以惊人的100%的准确率预测那些将会精神病发作的人。有两个标志：（1）不连贯的叙述（缺乏清晰流畅的表述和说服力）；（2）较短、不太复杂的句子结构，这产生了类似星爆的言语模式。[33]这一点通过关系代词的不当使用（例如，that或which引导从属从句）得以显现，这通常不能清楚地表明之前描述的是谁或是什么，并导致句子间指称衔接性下降。[34]患有精神病的人认为他们的观点是普遍共享的。异常的自我构建了自己的现实，对共享的知识基础进行人为的连接和假设。第一次见到某人，这个人会说得好像对方应该知道他们在说什么一样。

这种人也缺乏对时间或空间关系的牢固把握。因此，缺乏上下文语言（包括相关词语，如"昨天""最近"和"附近"）能预示精神病的严重程度。[35]无论病理和诊断如何，以下视觉提示表明存在精神健康问题，在观察时，应予以密切关注：[36]

- 看起来非常心烦意乱（无法集中注意力，东张西望；回应或注意到每个动作或噪声）；非常烦躁；不能安静地坐着（如不停地移动、晃腿或从衣服上摘棉绒）。
- 表现出古怪或非常特殊的行为（如：无明显目的地不断整理东西；避开踩在裂缝上；做奇怪的、重复的动作）；使用奇怪的话语（如以没有声调变化的单调声音说话）；姿势或步态僵硬、偏执、非常笨拙。
- 显得冷漠或冷淡（如：非常不友好；或许有些粗鲁、冷漠——不愿意互动，态度不友好而不是害羞；没有以热情或友好的方式回应他人的善意或友好）。
- 行为偏执或多疑（如：不信任他人；眼睛会不停地瞟来瞟去、东张西望；可能会拒绝和你握手，好像你打算以某种方式伤害他；显得过于谨慎）。
- 表现出卫生差或不修边幅（如：未刮胡子，似乎几天没有洗澡；头发看起来又乱又脏；衣服皱巴巴或脏兮兮的）。

精神病患者不一定有暴力倾向或危险。事实上，大多数暴力行为是由没有精神疾病的人实施的。但这并不意味着没有明确和确定的预警信号。基于你的观察技能，最后一章将帮助你判断一个人是否可能对你的安全和健康构成威胁。

第20章

何时该担心：红色警报和预警信号

当谈到投资时，我们被提醒"过去的表现可能不代表未来的结果"，但对于人来说，你通过对过去的表现的预期，可能很好地表明未来的结果。著名的犯罪学家斯坦顿·萨梅洛在他的《犯罪心理分析》一书中解释道："一个人不可能犯下与其性格不符的罪行。这就像让一座建筑飞起来，这样做并不符合大楼的性质。"[1]他解释说，即使是"激情犯罪"的罪犯——看起来失去了控制，犯了一个单一的、没有计划的罪行——也和有心计的冷血杀手有许多共同之处。他写道：

一个人气势汹汹、固执己见、缺乏耐心，要求别人做他想做的事。即使感到很细微的怠慢，他也会大发雷霆。因为他不能建设性地处理不愉快的情况，把问题复杂化了。当沮丧或失望时，他会责怪别人……与"性格不符"的犯罪发生之前可能会有一长串的威胁或攻击，这些都被家庭掩盖或忽视。不管表象如何，当谋杀最终实施时，实施者对暴力并不陌生。[2]

第20章 何时该担心：红色警报和预警信号

人们不会突然爆发。总是有一些可识别的行为让你知道什么时候暴力可能会逼近。首先，问自己以下这些关于你的问题：

- 生气时，他会猛烈攻击无生命的物体——捶墙壁、扔东西，还是会进行象征性的破坏，例如撕毁照片、销毁文件或扔他的结婚戒指？
- 她是否倾向于使用威胁或采取暴力来解决冲突或达到自己的目的？
- 他是否对小事反应过度，认为其他人与他作对是出于个人动机？例如，如果秘书给了他错误的信息或某人传达了错误的指示，他会变得愤怒，认为他们的动机是故意的和针对个人的？
- 她对动物残忍吗，或者对人残忍吗？她是否会说一些伤人的话，或试图让他人难堪、羞辱他人，尤其是那些不易保护自己的人？
- 他是否能在公司内部争取晋升？他是否对自己缺乏进步感到沮丧？他是否觉得没有人欣赏他的贡献，或者觉得别人抢了他的功劳，每个人都想要害他？
- 她的态度、表现或行为是否会突然转变？她是否突然变得对工作或家庭中发生的事情漠不关心、不受影响？

虽然这些迹象会给你任何悬而未决的问题提前警告，但也不要低估药物和酒精的作用。研究发现，31%同时患有物质滥用障碍和精神障碍的人一年中至少有一次暴力行为，相比之下，只有18%的精神障碍患者一年中至少有一次暴力行为。[3]同样，年轻男性或物质滥用者比患有精神疾病的人有更大的暴力行为风险，综合这些风险因素可以得出更大的统计倾向。[4]除此之外，如果有人谈到对"所有人和所有事"感到"厌倦"或"厌恶"，或者笼统地谈到报复或解决他的问题的计划，要警惕。当然，如果他有实施暴力行为的详细计划，谈论解决债务或获得尊重的话题，并且很容易获得武器，你就应该格外警惕。其他令人不安的迹象包括，他是否甚至就武器或进行报复的问题开玩笑或发表评论，是否经常表现出愤怒和沮丧，或说出绝望的话，或有一连串没完没了的不满，无论是在工作场所，还是在法庭上明确表达或正式声明。

所有这些，无论是单独还是共同的，都指向了不断涌现的挫折感和更大的暴力可能性。引领威胁分析专家加文·德·贝克尔（Gavin de Becker）创建了四分刻度JACA，代表其四个主要特征，用于评估实施威胁的可能性：

- 正当理由：我们首先考虑当事人是否觉得他有正当理由使用暴力造成他人痛苦、伤害或死亡。
- 替代方案：我们观察这个人是否觉得他有除暴力以外的选择来实现他的目的。如果暴力似乎是他伸张正义的唯一途径，他会评估后果。
- 造成后果：他评估了诉诸暴力可能造成的影响，并权衡了可能的结果——受伤、死亡、坐牢——是否值得。
- 实施能力：他的复仇计划仍是幻想还是会变成可怕的现实，

第20章 何时该担心：红色警报和预警信号

> 取决于他是否觉得自己有手段和能力实施威胁。如果他相信他有，他可能会继续推进。

语言分析提供了另一层洞察力。下面的文章是一个现实生活中的写作范例，它充满了限定词，但缺少一个收缩符（详见第5章）。研究结果表明，这种语言模式表明"一旦找到了问题的答案，就没有回头路了"。[5]这也是他使用疏离语言写的（见第12章），告诉我们他已经和自己的行为拉开了距离。这张字条写完后不久，作者就对他的妻子说：

我现在发现自己有一个明确的问题，我希望我能找到答案。我自己似乎也没有明确的答案。我内心的问题是我不能完全理解的东西——不管是我自己还是真实的东西。我一直在想，也许这就是问题所在。也许我应该转移我的注意力，把注意力放在其他性质的事情上，这样我就可以完全把这个想法从我的脑海中赶走。我想，如果我回到艺术作品创作中，并专注于学习它的不同阶段，也许就能沉浸于我的爱好中并缓解我头脑中的问题——尽我所能地与任何可能帮助我解决这个问题的人合作。事情会自己找到答案的。[6]

在任何你觉得事情不对劲的情况下，相信你的直觉。你不需要指出理由。你的潜意识发现了一个你的意识已经消除的威胁。为了保护自己，你必须学会信任自己。

自身的威胁

尽管精神疾病与暴力无关,但在情感或人格障碍患者中,自杀想法和行为的发生率普遍增加。有自杀倾向的人需要专业帮助,在此期间,理想情况是能在他们变得如此沮丧和绝望以致自杀成为一种选择之前提供帮助。[7]这些警告信号将帮助你评估风险:我们在这里也可以应用同样的JACA等级。如果此人表现出以下感觉,请保持高度警惕:

> - 理由:"生命不值得继续下去。痛苦太多了,而且,每个人——我的家人、朋友和所爱的人,没有我会过得更好。"
> - 替代:"我无能为力,感觉无路可走。"
> - 后果:"以后我不会再处理任何事情了。"
> - 能力:"我可以获得(或打算获得)武器或药丸。我已经制订了计划,把我的事情安排妥当了。我已经还清了债务,并放弃了我的个人财产。"

自杀姿态是一种自杀企图,其中人们没有死亡的意图。例如,这个人可能服用非致命剂量的安眠药,或者以不太可能导致死亡的方式割伤自己。自杀姿势的意图通常是表达绝望或无助或发出呼救声,以努力改善自己的生活,而不是死亡。在某些情况下,自杀姿态可能是试图做出一个戏剧性的声明或"报复某人"。

也就是说，即使没有自杀意图的故意自残也与自杀的长期风险有关。

自杀的企图和姿态可能看起来非常相似。自杀企图可能是一次失败的自杀（如：一个人吞下了一瓶药丸，企图自杀，但有人干预，叫了救护车，这个人在医院醒来时还活着，洗了胃）。我们永远无法知道一个人什么时候会做出采取激烈和破坏性行动的致命决定，但这两个指标明显照亮了已经亮起的警告标志。

主要压力源

在我们自己的生活中，无论我们伸手去拿一盒冰激凌还是一瓶葡萄酒，或者从事其他自我毁灭的行为，通常都是压力源导致的结果。大多数暴力行为也是由紧张性刺激引起的，紧张性刺激总是归结为不知所措——被我们的思想和情绪淹没。紧张性刺激可能表现为许多问题：最近的财务或个人危机（如破产）、离职、限制令、监护权之争或听证会、与警察的争吵、解雇或降职等。他的生活或生活方式中的任何重大负面变化，加上其他因素，都有理由引起关注。

模仿效应

最近关于工作场所暴力的新闻报道和媒体报道，当其他人认同施暴者并分享他受到的挫折时，会引发他们采取类似的行动。在一个科技让世界触手可及的时代，社会舆论的影响更加令人担忧和不安。媒体称之为"模仿效应"，但对心理学家来说，这是"维特效应"。它基于这样一个原则，即人类利用他人的行为来决定什么是适合自己的行为。[8]

例如，当人们得知另一个人自杀时，他们中的许多人会认为自杀对他们来说也是有意义的，即使有些人甚至并没有主动计划结束自己的生命。有些人会自杀而不在乎人们是否知道他们是自杀的，但其他人不希望他们的死亡看起来是自杀。因此，研究表明，媒体报道自杀事件三天后，汽车事故死亡率增加了31%。[9]这种令人不寒而栗的效应不仅限于数字，因为死亡事件在自杀事件发生的地区最为频繁，我们与受害者越相似，就越有可能受到影响（出于自我认同）。因此，当媒体报道年轻人自杀时，年轻人撞车的数量就增加了。当报道老年人自杀的新闻时，老年人撞车的数量就会增加。因此，当有人对这种行为表示同情或理解时，要特别注意（如："一个人只能承受这么多""我肯定他尝试了其他方法来应对，但只是别无选择"）。

欧内斯特·海明威写道："当人们交谈时，要完全倾听。大多数人从来不听。"给自己或他人带来危险的人会痛苦地尖叫。如果你留心听，你会听到。这个声音响亮且清晰。

结论

如何处理你所知道的

总而言之，我们生活在一个变得越来越混乱和不可预测的世界里。我希望，你在本书中学到的策略会以一种有价值和有意义的方式，在你的生活中给你更多的自信、舒适和安全感。也许，在你寻求更好地学习和预测周围人的行为时，你会更加了解自己，并可能了解你可以做些什么来优化自己的情绪健康和人际关系的质量。

人们说知识就是力量。并不是。知识和其他任何东西一样，是一种工具。我们如何运用它会带来很大的不同。真正的权力是对知识的负责任地应用。了解人们真正的想法和感受肯定会帮你节省时间、金钱、精力及减少心痛。但它也能让你更好地理解、帮助和治愈那些痛苦的人。

这是很高的希望和期望，这本书中的技术将被负责任地使用，以启发、授权和激励。它们不仅仅是为了给你一个优势，也是为了教育你，让你在生活和交往中变得更有效率，使你对你的能力和可能性更加乐观。

注释

引言

1. 这些应用语言学分析的方法最好用于以下情况：（1）实验对象能够流利地说或写。（2）用于较长的陈述或对话，而非一条很短的信息。因为人们的语法在较短的交流中一般是比较松散的。而且，文化、性别、年龄、教育以及社会经济地位都会影响一个人语言的使用，而更长的对话、更大的样本容量会让你更好地过滤掉一些差异。

第1章

1. 出自马克·墨菲（Mark Murphy），《态度招聘：一种能够招到技术过硬、态度良好人才的革命性方法》，第1版（纽约：麦格劳-希尔教育，2016），117-118。

2. 出处同上，第7页。

3. 我们提醒自己，在做出任何假设之前，必须考虑许多因素。例如，在此例中，裁缝平常可能会以自己的作品为傲，而犯错带来的极度羞耻感可能会暂时压倒他在其他方面的诚实。

4. 参见克丽·莱特·惠兰，格雷厄姆·F. 瓦格斯塔夫与杰奎琳·M. 特克罗夫特（Clea Wright Whelan, Graham F. Wagstaff, and Jacqueline M. Wheatcroft），《高风险的谎言：在公众呼吁帮助失踪或被谋杀的亲属时的口头和非口头欺骗线索》，《精神病学，心理学和法律》21，第4期（2014）：523-537。doi: 10. 1080/13218719. 2013. 839931.

5. 出自莫顿·维纳和阿尔伯特·梅拉比安（Morton Wiener and Albert Mehrabian），《语言中的语言：即时交流，言语交际的渠道之一》（纽约：阿普尔顿-世纪-克罗夫特出版社，1968）。

6. 出自沃尔特·温特劳布（Walter Weintraub），《言语行为：适应与精神病理学》（纽约：施普林格出版社，1981）。

第2章

1. 斯德哥尔摩综合征是个例外，受害者会与绑架者形成心理同盟。

2. 出自本杰明·H. 赛德尔，吉拉德·希施贝格尔，克莉丝汀·L. 尼尔森与罗伯特·W. 利文森（Benjamin H. Seider,Gilad Hirschberger,Kristin L. Nelson,and Robert W. Levenson），《我们可以解决：婚姻冲突中关系代词、生理和行为的年龄差异》，《心理学与老龄化》，第24期，3（2009）：604-613。doi:10.1037/a0016950.

3. 出处同上。

4. 出自詹姆斯·W. 彭尼贝克（James W. Pennebaker），《代词的秘密生活：我们的话语如何反映我们》（纽约：布卢姆斯伯里出版社，2011）。

5. 出自克里斯多夫·奎恩（Christopher Quinn），《技术带来真相》,《奥兰多哨兵报》,1991年9月23日。检索于2019年6月5日:https://www.orlando sentinel.com/news/os-xpm-1991-09-23-9109230167-story.html.

6. 出处同上。

7. 无论是从字面上还是隐喻上,我们都喜欢将层次分明的排列组合与权力相挂钩。当一个人被要求对社交与职场动态进行说明时,他们往往会使用垂直的排列方式,将权力大、地位高的人置于顶部,而将权力小、地位低的人置于底部。这为了解人们在人际关系中如何看待自己与他人提供了深刻见解。参见T.W. 舒伯特(T. W. Schubert),《殿下:垂直位置作为权力的知觉符号》,《人格与社会心理学杂志》89,第1期(2005):1-21;doi:10.1037/0022 -3514.89.1.1.

第3章

1. 参见詹姆斯·W. 彭尼贝克(James W. Pennebaker),《代词的秘密生活:我们的话语如何反映我们》(纽约:布卢姆斯伯里出版社,2011)。

2. 参见A.L. 冈萨雷斯,J.T. 汉考克与J.W. 彭尼贝克(A. L. Gonzales,J. T. Hancock,and J. W. Pennebaker),《语言风格匹配就是小群体社交动态的预测器》,《沟通研究》37,第1期(2010):3-19;与P.J. 泰勒与S. 托马斯(P. J. Taylor and S. Thomas),《语言风格匹配与谈判结果》,《谈判与冲突管理研究》1(2008):263-281。

3. 一些副词同时也是虚词(如then和why)。

4. 参见C.K. 钟,J.W. 彭尼贝克(C. K. Chung and J. W. Pennebaker),《虚词的心理功能》,摘自K. Fiedler主编的《社会交际:社会心理学前

沿》（纽约：心理学出版社，2007），343-359页。A.S. 梅耶，K. 布克（A. S. Meyer and K. Bock），《代词产生的表征和过程：一些来自荷兰语的视角》，《记忆与语言杂志》41，第2期，（1999）：281-301。

5. 我们了解到，言语可能会引发强烈的情绪反应。在这种情况下一个人可能会通过使用虚词来避免"直呼其名"。一个有蜘蛛恐惧症的人发现一只蜘蛛爬上了她的腿，她更可能大喊："把它拿下去！"而不是："把那只蜘蛛拿下去！"另外说一句，有些成年的子女有个坏习惯：喜欢对他们的父母直呼其名。因为"妈妈"和"爸爸"这两个称呼代表着他们之间是亲人的关系，而他们不想受这层关系束缚。

6. 这让我们想起了经典电影《猩球崛起3》（1968）中的台词："把你的臭爪子从我身上拿开，你这该死的脏猩猩！"

7. 一个经验老到的骗子会悄悄挨近你，而不是跟你面对面地说话。因为当你们肩并肩交谈时，你们有着共同的视角，而且你们用共同的视角看待这个世界，因此创造出一种人为的亲密感。

8. 参见詹姆斯·W. 彭尼贝克，马提亚斯·R. 梅尔与凯特·G. 尼德霍夫（James W. Pennebaker, Matthias R. Mehl, and Kate G. Niederhoffer），《自然语言使用的心理学方面：我们的语言，我们的自我》，《心理学年度评论》54（2003）：547-577。

第4章

1. 参见佩尼罗普·布朗与斯蒂芬·C. 莱文森（Penelope Brown and Stephen C. Levinson），《礼貌：语言使用中的一些共性》（剑桥：剑桥大学出版社，1987）。

2. 参见史蒂文·平克（Steven Pinker），《思想的根本：语言是人性的窗口》（纽约：维京出版社，2007）。

3. 研究表明，礼貌作为一种语言工具在任何文化之中都具有普适性。参见布朗与莱文森：《礼貌》。

4. 参见詹姆斯·W. 彭尼贝克（James W. Pennebaker），《代词的秘密生活：我们的话语如何反映我们》（纽约：布卢姆斯伯里出版社，2011）。

5. 同样令人惊讶的是，尽管自恋行为与第一人称单数代词的使用在逻辑上是一致的，但它们之间其实并不相干。尽管自恋者更为固执己见，他们有着一种优越感，而这种优越感使他们的重心始终面向外部。参见N.S. 霍尔兹曼，A.M. 塔克曼，A.L. 凯里，M.S. 布鲁克斯，A.C.P. 库夫纳，F.G. 德特斯，M.D. 巴克，M.B. 唐纳兰，詹姆斯·W. 彭尼贝克，R.A. 谢尔曼和M.R. 梅尔（N. S. Holtzman, A. M. Tackman, A. L. Carey, M. S. Brucks, A. C. P. Küfner, F. G. Deters, M. D. Back, M. B. Donnellan, J. W. Pennebaker, R. A. Sherman, and M. R. Mehl），《浮夸自恋的语言标记：15个样本的LIWC分析》，《语言与社会心理学杂志》38，第5-6期（2019）：773-786。doi:10.1177/0261927X19871084.

6. 想要表达伪善的唯一方法就是以一种夸张的嘲讽语气说出道歉的话[如：把"我很抱歉"读成"我（拉长音）真是（拉长音）太（拉长音）抱歉了"]。

7. 下巴的前倾被看作一种挑衅的动作，即使是轻微的下巴前倾都会被认为是具有敌意的表现。参见德斯蒙德·莫里斯（Desmond Morris），《肢体语言：人类手势的意义》（纽约：皇冠出版社，1995）。

第5章

1. 在危及生命的情况下,我们的大脑会自动过滤掉不必要的信息和刺激。例如,在危险的暴风雪天气开车时,大多数人会关掉收音机,因为这是不必要的干扰。当然,它无法帮助我们透过风挡玻璃看到外面,但它确实让我们的感知力集中在当前的威胁上。

2. 因为我们经常依靠语气来解读隐藏的信息,而讽刺之意在书面语言中即使加上一个恰当的表情符号也无法很好地传达出来。

3. 参照M. 拉吉,M. 库克(M. Lalljee and M. Cook),《停顿和屏息:最后的考验?》,《符号语言学》12(1975):219-225。

4. 参照沃尔特·温特劳布(Walter Weintraub),《语言行为:适应与精神病理学》(纽约:施普林格出版社,1981)。

5. 这种状态包括生理反应(如脉搏加快、呼吸加快)和心理反应(如恐惧和认知扭曲)。

6. 同上。

7. 参见戴维·J. 利伯曼(David J. Lieberman),《与任何人和平相处:快速结束任何冲突、不和或隔阂的突破性策略》(纽约:圣马丁出版社,2002)。

8. 参见戴维·J. 利伯曼(David J. Lieberman),《永远不要再生气:在任何对话或情况下保持冷静和控制的简单方法》(纽约:圣马丁出版社,2017)。

9. 参见温特劳布(Weintraub),《言语行为》(*Verbal Behavior*)。

10. 参见R.A. 西蒙斯,D.L. 凯布莱斯和P.C. 戈登(R. A. Simmons, D. L. Chambless, and P. C. Gordon),《充满敌意、情感过度的亲戚们是如何

看待亲情的？亲戚们对于人称代词的使用揭示了什么？》《家庭历程》47，第3期（2008）：405-419。

11. 同上。

12. 参见沃尔特·温特劳布（Walter Weintraub），《日常生活中的言语行为》（纽约：施普林格出版社，1989）。

第6章

1. 参见W. 古斯，R. 施特劳贝和B. 施瓦策（W. Güth, R. Schmittberger, and B. Schwarze），《最后通牒讨价还价的实验分析》，《经济行为与组织杂志》3，第4期（1982）：367-388。

2. 参见乔安娜·舒格，戴维·松本，由孝掘田，山岸俊男及坎伯里·博内（Joanna Schug, David Matsumoto, Yutaka Horita, Toshio Yamagishi, and Kemberlee Bonnet），《情感表达作为合作的信号》，《进化与人类行为》31，第2期（2010）：87-94。

3. "playing it close to the vest"这个表达意为一个人要对自己的秘密守口如瓶，其源自一句扑克谚语："Hold your cards close to your 'vest' (or body)."（把你的牌贴近你的身体，这样别人就看不到你的牌了。）

4. 参见乔安娜·舒格，戴维·松本，由孝掘田，山岸俊男及坎伯里·博内（Schug, Matsumoto, Horita, Yamagishi, and Bonnet），《情感表达作为合作的信号》。

5. 尽管我们无法确定这种叙述的缺失就意味着一种不配合的状态，但这种叙述的存在本身是有启发性的。

6. 传统的审讯程序通过更靠近嫌疑人来实现这一点。只要稍微侵占他们的实际空间，你就会迫使你的目标在心理上采取更具防御性的姿态。

7. 被指控性侵的嫌疑人强调说"我自己有两个女儿"，假设他永远不会犯下如此令人发指的罪行。他的理由就像一个被指控的银行抢劫犯声称他太看重钱所以不会从别人那里偷一样荒谬。当心那些证明不了任何事的"无罪证明"。

8. 如果一个人是在证人席上或是在做证词时被反复问到同一个问题，那这种情况不应该被算作在故意误导。

第7章

1. 参见D.R. 卡内，A.J.C. 卡迪和A.J. 叶（D. R. Carney, A. J. C. Cuddy, and A. J. Yap），《有力的姿势：简短的非语言展示影响神经内分泌水平和风险承受力》，《心理科学》21，第10期（2010）：1363-1368；doi:10.1177/0956797610383437.

2. 参见P. 布里诺，R.E. 佩蒂和B. 瓦格纳（P. Briñol, R. E. Petty, and B. Wagner），《身体姿势对自我评价的影响：一种自我验证的方法》，《欧洲社会心理学杂志》39，第6期（2009）：1053-1064。

3. 这些关于印象管理的见解已经被录入了国土安全部简报材料之中。参见联邦调查局执法公报，第70卷，第7期。（华盛顿特区：美国联邦调查局，2001年7月）。检索于2020年11月17日。https://www.hsdl.org/?abstract&did=447482.

4. 突然，一个电话打来："你房子里有炸弹！"虽然这种恐吓应该被认真对待，但从统计上看，真的有炸弹的可能性很小。事实上，99.9%的电话炸弹威胁只是威胁。打电话的人的意图是引起焦虑和恐慌。

5. 参见加文·德·贝克尔（Gavin de Becker），《恐惧的礼物：保护我们免受暴力侵害的生存信号》（纽约：小布朗出版社, 1997）。

第8章

1. 强烈的恐惧不因时间的流逝而消失。当一个人回想起那段痛苦的时光，那种同样的负面情绪就会出现，3F反应就会立即启动。与此同时，由于潜意识解除关联的应对机制，其相关的细节可能会缺失。参见A. 雅各布斯-卡亚姆和R. 莱-维瑟尔（A. Jacobs-Kayam and R. Lev-Wiesel），《在地狱边缘：女性性侵幸存者的时间视角和记忆缺陷》，《心理学前沿》（2019年4月）。

2. 在特定情况下，我们为得到别人最大限度的遵从，对于所有的请求与指令都应该使用积极措辞。例如，一个小孩子正在倒牛奶，我们最好是这样说："扶直杯子"或"慢慢倒"，而不是这样说："别把杯子打翻了"或"别倒那么快"。执法人员也接受过相似的训练，他们发出指令时会这样说："站在原地。"而不会这样说："别动。"他们还会这么说："蹲下。"而不是说："不许起来！"

3. 参见戴维·J. 利伯曼（David J. Lieberman），《永不再被骗：如何在任何对话或情况下在五分钟或更少的时间内获得真相》（未经删减版）。麦克米伦音频，2018（纽约：圣马丁出版社, 1998）。

第9章

1. 参见G. 库恩，H.A. 卡法拉蒂和R. 特斯卡和R.A. 伦辛克（G. Kuhn, H. A. Caffaratti, R. Teszka,and R. A. Rensink），《基于心理学关于误导的分

类》，《心理学前沿》5（2014）：1392。

2. 参见阿莫斯·特韦尔斯基，丹尼尔·卡尼曼（Amos Tversky and Daniel Kahneman），《可用性：判断频率和概率的启发式方法》，《认知心理学》5，第2期（1973）：207-232。doi:10.1016/0010-0285(73)90033-9.

3. 参见罗伯特·B. 恰尔蒂尼（Robert B. Cialdini），《影响力：说服心理学》（纽约：哈珀商业出版社，2006），225。

4. 参见约翰·A. 巴奇，马克·陈和拉腊·巴罗斯（John A. Bargh, Mark Chen, and Lara Burrows），《社会行为的自动性：特征建构和刻板印象激活对行为的直接影响》，《人格与社会心理学杂志》第71期，第2版（1996）：230-244。

5. 参见戴维·J. 利伯曼（David J. Lieberman），《永不再被骗：如何在任何对话或情况下在五分钟或更少的时间内获得真相》（纽约：圣马丁出版社，1998）。

6. 参见吴悠悠，戴维·史迪威尔，H. 安德鲁·施瓦兹和迈克尔·克辛斯基（Wu Youyou, David Stillwell, H. Andrew Schwartz, and Michal Kosinski），《物以类聚：基于行为的人格评估方法揭示了伴侣和朋友之间的人格相似性》，《心理科学》第28期，第3版（2017）：276-284。doi:10.1177/ 0956797616678187.

7. 参见D. 德拉科曼，A. 德卡洛费尔，C.A. 因斯克（D. Drachman, A. DeCarufel, and C. A. Insko），《人际吸引力中的额外学分效应》，《实验社会心理学杂志》第14期，第5版（1978）。 458-465。

8. 参见玛丽亚·科尼科娃（Maria Konnikova），《信心游戏：我们为什么每一次都会上当》（纽约：维京出版社，2016）。

9. 同上。

10. 参见罗伯特·B. 恰尔蒂尼（Robert B. Cialdini），《预先说服：一种影响和说服的革命性方式》（纽约：西蒙与舒斯特出版社，2018），第7期。

第10章

1. 沃尔特·温特劳布，《言语行为：适应与精神病理学》（纽约：斯普林格出版社，1981）。

2. 人格障碍是一种偏离文化预期的思维、感觉和行为方式，会导致功能上的困扰或问题，并持续一段时间。参见《精神疾病诊断和统计手册》，第5版（标准设计手册第5版）（VA：美国精神病学协会，2013）。

3. 当自我充满了权力、控制、金钱或类似的东西时，它通常会让我们心情愉快，因此我们的态度和行为会暂时转变，去模仿那些自尊心更强的人。

4. 男人和女人的天性，加上文化的影响，通过语言差异表现出来——平均来看，女人倾向于使用更加被动和礼貌的语言。如果一个人的情绪健康受到严重损害，这一轨迹与研究结果一致，即女性患抑郁症的可能性大约是男性的两倍。

5. 或者，这种语言也可以表示一个警卫正在和一个地位更高的人说话。尽管警卫有权拒绝其进入特定区域，但他们在身份等级中必须行为得体，因此使用恭顺的语言。

6. A.A. 奥古斯汀，M.R. 梅尔和R.J. 拉森（A. A. Augustine, M. R. Mehl and R. J. Larsen），《书面英语和口语中的正面偏见及其受个性和性

别的影响》,《社会心理学和人格科学》2,第5期(2011):508-515;以及T. 雅科尼(T. Yarkoni),《10万词中包含的个性:对博客作者的个性和用词的大规模分析》,《个性研究杂志》44卷,第3期(2010):363-373; doi:10.1016/j.jrp.2010.04.001.

7. 雅科尼,《10万词中包含的个性》。

8. H.A. 施瓦兹,J.C. 艾克斯达特,L. 吉尔辛斯基,M.L. 克恩,E. 布兰科,M. 辛斯,D. 史迪威,M.E.P. 塞利格曼和L.H. 昂格尔(H. A. Schwartz, J. C. Eichstaedt, L. Dziurzynski, M. L. Kern, E. Blanco, M. Kosinski, D. Stillwell, M. E. P. Seligman and L. H. Ungar),《从社交媒体的语言探索中获得个性见解》,2013年美国人工智能协会(AAAI)春季研讨会系列:分析微文本,加利福尼亚州斯坦福市。

9. 同上。

10. 同上。

11. 在第14章中,我们将了解到在衡量情绪健康时,我们经常寻找中间道路,这意味着平衡和适度。在适当和必要的时候说"谢谢"是精神健康的标志。但是过度使用和完全不使用一样也有问题。

12. C.S. 刘易斯(C. S. Lewis),《诗篇撷思》(纽约:哈科特,布雷斯,1958),93-97。

13. 研究结果表明,感恩还可以降低抑郁发作的频率、持续时间和强度。这是因为给予和感激(这本身就是给予——给予感谢)将我们的注意力从自己身上转移开了。当我们寻找表达感谢的方式,而不是沉溺于可能是我们更本能的抱怨冲动时,我们就打破了愤怒、沮丧和怨恨的神经网络。参见A.M. 伍德、S. 约瑟夫和J. 迈尔比(A. M. Wood, S. Joseph and

J. Maltby），《感恩能独特地预测对生活的满意度：高于五因素模型的领域和方面的内部有效性》，《个性和个体差异》45卷，第1期（2008）：49–54。

第11章

1. 他们在评判你吗？他们认为你是傻瓜吗？也许吧。但是理解一下，我们都是通过我们需要的视角来看世界的。你这么做。他们这么做。我们都这样做。他们自己的东西影响了关于你的叙述。如果他们的自尊是健康的，那么他们的想法是有同情心的，不带偏见的。自我判断以确保其叙述。否则，这个人只会对你感到同情——爱你，接受你，你要认识到你的行为很大程度上是你的东西的产物。换句话说，他们会感受到你的痛苦，而不会寻求更多情感。

2. 丹尼尔·卡尼曼，《思考快与慢》（纽约：法勒、斯特劳斯和吉鲁出版社，2011）。

3. 很少有相互作用是免疫的。研究发现，临床医生自身的个性会妨碍他们准确评估心理疾病的能力。换句话说，他们的分析反映了他们性格的某些方面。被归类为焦虑的医生比他们的同行更有可能记录焦虑或抑郁的诊断。参见保罗·R. 杜波斯坦、B. 查普曼、R. 爱普斯坦、K. 麦考勒姆和R. 克瑞维兹（Paul R. Duberstein, B. Chapman, R. Epstein, K. McCollumn and R. Kravitz），《初级护理中医生的人格特征和对情绪症状的调查》，《普通内科杂志》23卷，第11期（2008）：1791-1795。

4. D. 伍德，P. 哈姆斯和S. 维塞尔（D. Wood, P. Harms and S. Vazire），《作为投射测试的感知者效应：你对他人关于你的看法》，《人格和社会心理学杂志》99卷，第1期（2010）：174-190。

5. 同上。

6. 《使用母亲声音的烟雾报警器比高音报警器更能唤醒孩子》（新闻稿），全国儿童。2019年8月30日，https://www.nationwidechildrens.org/newsroom/news-releases/2018/10/smoke-alarm-study.

7. RAS调节意识和觉醒，并指向我们认为重要的事情。这意味着我们的天线既能接受害怕的东西，也能接受渴望的东西。例如，一个丛林向导会注意到旅途中的人们（希望确保他们的快乐）以及潜在的威胁（出于恐惧）。

8. 乔纳森·M. 阿德勒，艾莉卡·D. 琴，维瑞儿·P. 克里塞提和托马斯·F. 奥尔特曼斯（Jonathan M. Adler, Erica D. Chin, Aiswarya P. Kolisetty and Thomas F. Oltmanns），《边缘型人格障碍特征的成年人叙述身份的显著特征：实证研究》，《人格障碍杂志》26卷，第4期（2012）：498-512。

9. D.P. 麦克亚当斯，A. 戴蒙德，E.de St. 奥宾和E. 曼斯菲尔德（D. P. McAdams, A. Diamond, E. de St. Aubin, and E. Mansfield），《承诺的故事：繁殖生活的心理社会建构》，《人格与社会心理学杂志》72卷，第3期（1997）：678-694。doi:1997-07966-018.

第12章

1. 一个明显的例外是顺从者，她不停地道歉，即使她没有错。由于极度自卑，她觉得自己没有足够的价值来为自己辩护，并屈服于缓和错误的内疚和羞耻的感觉，或者出于对分离或情感报复的恐惧。

2. 托马斯·萨兹（Thomas Szasz），《未驯服的舌头：持异议的字典》（伊利诺伊州拉萨尔：公开法庭，1990）。

3. 我们可能会在整体层面上进行这种思考，经常将我们今天的问题归咎于我们的父母，同时坚持认为他们是故意为之。当我们考虑他们对我们的行为时，我们不把他们的教养作为考虑因素。我们自己的孩子也是如此，我们是环境的唯一产物，我们的选择被我们的教养所束缚，而我们周围的所有人都选择了他们的行为方式。

4. 我们不会假设自己有性格缺陷——"我不在乎别人"或"我只是个浑蛋"，除非我们的自我概念包括这样的行为，在这种情况下，我们的行为成为一种荣誉，"这就是我"。

5. 我们越能接受自己，就越能接受别人。我们不接受自己的地方会在我们对他人的宽容中显露出来，这通常会在为人父母时表现出来。对于父母来说，最让他们失望的是与他们最相似的孩子，这种情况并不少见。孩子就像一面镜子，照出了父母在他们自己身上无法接受的东西。

6. J. 贾菲（J. Jaffe），《弗洛伊德访谈技术中的交流网络》，《心理学季刊》，32卷，第3期（1958）：456–473。doi:10.1007/BF01563516.

7. 同上。

第13章

1. 当我们感到被一个聪明、富有或有魅力的人不尊重时，我们通常会经历更多的痛苦。通过自我，我们相信这个人有更大的价值，所以他对我们的态度更重要。

2. 刘易斯（C. S. Lewis），《诗篇撷思》（纽约：哈科特，布雷斯，1958），93–97。

3. 维克多·埃米尔·弗兰克尔（Viktor E. Frankl），《听不见的要求：意义的呼声》（纽约：西蒙&舒斯特出版社，1978）；以及西格蒙德·弗洛伊德（Sigmund Freud），《文明和它的不足》（纽约：诺顿出版社，1961）。

4. 彼得·史马克、蒂姆·凯瑟和理查德·M. 瑞安（Peter Schmuck, Tim Kasser and Richard M. Ryan），《内在和外在目标：德国和美国大学生的结构及其与幸福的关系》，《社会指标研究》50卷，第2期（2000）：225-241。

5. 亚伯拉罕·H. 马斯洛（Abraham H. Maslow），《动机与个性》（纽约：哈珀和罗，1954），46卷。许多人不知道的是，在晚年，马斯洛修改了他的五层模型，加入了第六层，将自我超越置于比自我实现更高的层次。他写道："自我只有在利他主义和精神主义中，把自己奉献给自我之外的更高目标时，才能找到它的实现。"马斯洛，《人类天性的进一步延伸》，《超个人心理学杂志》1卷，第1期（1969）：1-9。

第14章

1. P. 蕾斯尼克，W. 阿姆斯特朗，L. 克劳蒂诺和T. 阮（P. Resnik, W. Armstrong, L. Claudino and T. Nguyen），《马里兰大学CLPsych 2015共享任务系统》，《第二届计算语言学和临床心理学研讨会会议录：从语言信号到临床现实》（2015）：54-60；doi:10.3115/v1/W15-1207.

2. 欧内斯特·迪希特（Ernest Dichter），《消费者动机手册：客体世界的心理学》（纽约：麦格劳-希尔出版社，1964）。

3. 当我们面对较小的奖励和较大但延迟的奖励之间的选择时，情绪困扰会使我们转向前者。参见W. 米歇尔，E.B. 艾布森和A. 雷斯科夫·蔡斯（W. Mischel, E. B. Ebbesen and A. Raskoff Zeiss），《延迟满足的认知和注意机制》，《个性和社会心理学杂志》21卷，第2期（1972）：204-218。

4. 《以赛亚书》22：13。

5. 区别在于，在约会、谈判、面试等场合，热情与一个人的自信和兴趣水平成反比。这意味着一个人越不自信，他们越想要"它"，他们就会变得越焦虑。当谈到生活压力源时，不太自信的人（因此缺乏能动性——相信自己可以有效率）和可能想要成功的人会变得更加焦虑。这方面的证据是，一个严重抑郁的人在典型的压力情况下会表现出很少或没有焦虑，因为他们根本不在乎。他们虽然自信度低，但对生活本身也完全不感兴趣。

6. 艾伦·马拉特和朱迪斯·戈登（G. Alan Marlatt and Judith R. Gordon, eds.），《预防复发：成瘾行为治疗中的维护策略》（纽约：吉尔-福特出版社，1985）；以及R. 辛哈（R. Sinha），《在实验室中模拟压力和药物渴求：对成瘾治疗发展的影响》，《成瘾生物学》14卷，第1期（2009）：84-98。

7. R. 辛哈（R. Sinha），《压力对成瘾复发的作用》，《当代精神病学报告》9卷，第5期（2007）：388-395；K. 维特克维兹（K. Witkiewitz）和N.A. 维尔柔（N. A. Villarroel），《饮酒带来的负面情绪和酒精衰减之间的动态联系》，《咨询和临床心理学杂志》77卷，第4期（2009）：633-644。

8. D.C. 文森和V. 阿雷利（D. C. Vinson and V. Arelli），《精神愤怒和伤害风险：病例对照和交叉研究》，《家庭医学年鉴》4卷，第1期（2006）：63-68。

9. 威廉·格拉瑟（William Glasser），《现实疗法：精神病学的新方法》（纽约：哈珀常年出版社，1975）。

10. K.R. 梅里坎加斯（K. R. Merikangas），N.J. 里希（N. J. Risch）和M.M. 魏斯曼（M. M. Weissman），《酒精中毒、焦虑和抑郁的共病和共传播》，《心理医学》24卷，第1期（1994）：69-80。doi:10.1017/S0033291700026842.

第15章

1. J.M. 阿德勒，A.F. 特纳，K.M. 布鲁克谢尔，C. 纳汉，I. 沃德-比桑斯，L.H. 哈姆林，M. 奥巴，D.P. 麦克当亚斯和T.F. 奥尔特曼斯（J. M. Adler, A. F. Turner, K. M. Brookshier, C. Monahan, I. Walder-Biesanz, L. H. Harmeling, M. Albaugh, D. P. McAdams and T. F. Oltmanns），《叙述身份的变化与数年来的心理健康轨迹有关》，《人格与社会心理学杂志》108卷，第3期（2015）：476-496。doi:10.1037/a0038601.

2. D.P. 麦克亚当斯，J. 雷诺兹，M. 刘易斯，A.H. 派特和P.J. 鲍曼（D. P. McAdams, J. Reynolds, M. Lewis, A. H. Patten and P. J. Bowman），《当坏事变好，好事变坏：中年人和学生生活叙述中的救赎和污染序列及其与心理社会适应的关系》，《个性和社会心理学通报》27卷，第4期（2001）：474-485。

3. 一个人的情绪健康越差，一段经历被不相干的事件玷污的可能性就越大。野餐被"毁了"和毛毛雨是因果关系，但在一个阳光明媚的天气结束野餐开车回家时收到一张超速罚单，会追溯性地将野餐视为"糟糕的野餐"。

4. 把障碍重新定义为垫脚石，不是透过玫瑰色眼镜看问题，而是以新的方式看问题。这种体验是视角的一种功能，随着新的视角而来的是新的背景，因此也就有了新的意义。

5. S.S. 汤姆金斯（S. S. Tomkins），《脚本理论》，《人格的出现》，编辑J. 阿罗诺夫、A.I. 拉宾和R.A. 朱克（J. Aronoff, A. I. Rabin, and R. A. Zucker）（纽约：施普林格出版社，1987），147-216。

6. 莫尼卡·奥巴斯卡和乔安娜·辛切克-希拉斯纳（Monika Obrębska and Joanna Zinczuk-Zielazna），《解释者作为使用不同风格应对威胁刺激的年轻女性所经历的焦虑的防御态度的指示者》，《语言与交流心理学》21卷，第1期（2017）：34-50。doi:10.1515/ plc-2017-0003.

7. 全有或全无的思维被称为分裂，这是一种防御机制，其特征是态度、价值观和信仰的两极分化。无法容忍对立的灰色阴影（例如：正派和有道德的人有时会做出错误的行为；不是所有的机会要么是"不能错过"的，要么是"彻头彻尾的骗局"；一切都不会因为某些东西不完美而毁了），这个世界不仅被整齐地分类，还被贴上了极端的标签。

8. 在从抑郁中恢复的人群中也发现了绝对主义语言（这意味着他们仍然脆弱或易受影响），但讲话的内容更积极。参见M.Al-莫兹和T. 约翰斯通（M. Al-Mosaiwi and T. Johnstone），《在绝对状态下：绝对主义词汇的使用增加是焦虑、抑郁和自杀意念的特定标志》，《临床心理科学》6卷，第4期（2018）：529-542。doi:10.1177/2167702617747074.

9. 情绪不稳定的人的属性和语言通常可以被描述为情绪不成熟的表现。换句话说，他们的行为就像你所预料的孩子的行为一样——突然发脾气，爆发出盲目的兴奋，情绪波动很大，坚持绝对的非黑即白的观点。因此，用来衡量一个人情绪稳定性的技术只适用于成年人。儿童天生以自我为中心，对他们来说，通过"我"的镜头来看世界是正常的。孩子天生的自我中心和狭隘的视角是正常甚至是健康的情感景观的一部分。因此，儿童通常不会被诊断为人格障碍。

10. H. 彼得斯（H. Peters），《早期现代英语中的程度副词》，《早期现代英语研究》，13卷（1994）：269-288。

11. Al-莫兹和约翰斯通（Al-Mosaiwi and Johnstone），《在绝对状态下》。

12. 这种状态可能是由完全不相关的事情引起的，每个人的情绪会延续到他当前的行为中，或者这种状态可能是情绪爆发点的函数，他的戏剧情绪强度来自他在这种情况下的亢奋。但是，这两者都没有特别提到人格特质。

13. 我们都有盲点，在生活的某些领域，我们看不到对别人来说显而易见的东西。别人的行为不理智，在我们看来是那么可笑，只因为他们的盲点和我们不一样。事实上，如果我们选择不接受这一事实，在别人不同意我们的观点时变得愤怒，我们也会变得不理性。情绪健康允许有同理心，因为自我不需要用愤怒和敌意来强化自己。我们可能认为一个人是被误导的、无知的，当然也是错误的，但正是自我和潜在的不安全感将恐惧的余烬点燃成了全面的愤怒。换句话说，我们可以认识到不公正，并对某个原因充满激情，在这种情况下，我们理性而富有成效地前进；但是当自我被调动起来时，愤怒和敌意会劫持思考过程。没有人会在结束一次谈话后想：我希望我变得更愤怒，或者我本可以更好地控制自己。

14. 当我们坚信某件事时，即使是我们当中最健康的人，有时也会变得慷慨激昂。我们觉得其他人应该以我们的方式看待事物。当然，这没有什么不对。当一切都被放进"要么听我的，要么滚蛋"的篮子里时，我们就越过了情绪健康的界限，这样的人不能质疑自己，这意味着其他人也不能。不仅仅是政治和宗教问题，还有哪种口味的冰激凌是"最好的"这种问题。这样的人过于敏感，容易受到侮辱，对任何事情和任何敢于和她有不同看法的人都会生气。出于这个原因，良性互动更能说明一个人的情绪健康，因为除了过度膨胀的自我之外，没有什么是危险的。情况越重要，现实世界的分支就越有可能发挥作用，从而为坚持自己的立场和捍卫自己的想法提供逻辑上的理由。

第16章

1. 塞思·罗森塔尔（Seth Rosenthal），《自信与傲慢之间的细微差别：调查自尊与自恋的关系》，《国际论文摘要》66卷，第5-B期（2005）：28-68。

2. D.S. 瑞恩（D. S. Ryan），《自尊：一个可操作的定义和伦理分析》，《心理学和神学杂志》11卷，第4期（1983）：295-302。

3. 让我们用一个寓言来解释一下心理学。想象一下，一个国王允许你住在他的宫殿里。他提供他最好的仆人来满足你的每一个想法，他最好的裁缝来为你做满衣柜的衣服，他最好的厨师为你准备最喜欢的菜肴。你能想象要求更多吗？你会不会不好意思要求更好的布料或更蓬松的枕头？这就是谦逊。谦逊来自认识到无论你拥有什么，你所拥有的一切都是超乎想象的丰富。当你带着这种意识生活时，你会充满感激，充满富足，无法想象索取，只能想象给予。

4. 傲慢心态着眼于他们自我价值的净收益，意思是"我为自己增加的东西使我更有价值"。例如，一名销售人员可能会在一天中遇到一百次拒绝，但他会专注于促成销售的一次"是"。另一类人因被拒而受伤。他觉得自己没那么有价值，因此，在受到几次拒绝后，这种痛苦对他来说太大了。这并不是说第一个人在情感上更健康，只是说拒绝没有害怕挣不到钱那么可怕，他觉得这让他更有价值。

5. J.M. 亚当斯，D. 弗洛瑞尔，K. 艾历克斯·伯顿和W. 哈特（J. M. Adams, D. Florell, K. Alex Burton, and W. Hart），《为什么自恋人格无视社会礼仪规范？对自恋为何与冒犯性语言的使用相关的两种解释的检验》，《个性与个体差异》，58卷（2014）：26-30。

6. 同上。

7. 同上。

8. N.S. 霍尔兹曼，A.M. 泰克曼，A.L. 凯里，M.S. 勃拉克，A.C.P. 克菲尔，F.G. 迪特斯，M.D. 伯克，詹姆斯·W. 彭尼贝克，瑞恩·A. 谢尔曼和M.R. 梅尔（N. S. Holtzman, A. M. Tackman, A. L. Carey, M. S. Brucks, A. C. P. Küfner, F. G. Deters, M. D. Back, James W. Pennebaker, Ryne A. Sherman and M. R. Mehl），《浮夸自恋的语言标记：对15个样本的语言获得和词汇计数（LIWC）分析》，《语言和社会心理学杂志》38卷，第5-6期（2019）：773-786。doi: 10.1177/0261927X19871084.

9. 同上。

10. W.K. 坎贝尔、E. 鲁迪奇和C. 塞迪基德斯（W. K. Campbell, E. Rudich, and C. Sedikides），《自恋、自尊和自我观点的积极性：自爱的两种表现》，《个性与社会心理学通报》28卷，第3期（2002）：358-368。

11. J.T. 程，J.L. 特雷西，G.E. 米勒（J. T. Cheng, J. L. Tracy, and G. E. Miller），《自恋者是坚强的还是脆弱的？自恋在应对情绪困扰时产生压力相关生物标记中的作用》，《情绪》13卷，第6期（2013）：1004-1011。doi:10.1037/a0034410.

12. 莫尼卡·奥巴斯卡和乔安娜·辛切克-希拉斯纳（Monika Obrębska and Joanna Zinczuk-Zielazna），《解释者作为使用不同风格应对威胁刺激的年轻女性所经历的焦虑的防御态度的指示者》，《语言与交流心理学》21卷，第1期（2017）：34-50。doi:10.1515/plc-2017-0003.

13. 一个理论上拥有100%自尊的人没有欲望，也没有必要去控制任何人或任何事。他认识到他真正能控制的唯一事情是他的选择——他行使自我控制的能力。虽然我们的最终目标是建立联系，但自我产生的恐惧会破坏这个过程，并要求控制，因为它告诉我们真正的"我"不被爱，不讨喜，不值得被建立联系。

14. 尽管任何给定的不安感都可能使人变得更加胆怯或缺乏吸引力，但它同样会产生通过超额完成来弥补的需求。参见汤姆·巴特勒-鲍登（Tom Butler-Bowdon），《50部心理学经典》（纽约：尼古拉斯·布莱里出版社，2007）。

15. 充满羞愧，我们内心的声音说："我更不值得。"这反映了一种痛苦的信念，即我们不值得爱，也不值得接受。推而广之，我们所爱的一切既不安全也不可靠。潜意识里，我们认为，真正的我是不值得被建立联系的。我会上演一场秀，变成一个更可爱的人，这样我才会被爱。

16. 游戏中的心理动力学有助于我们理解童年明星的苦恼。当一个名人面临突然成名时，他真实的自我和他的公众形象之间的差距是很大的。

如果他们真的了解我,他们还会爱我吗?同样,我们可以更好地理解为什么一夜之间的感觉往往会在情绪上瓦解,因为自我或形象越大,个人越不真实,他们就越容易暴露和脆弱,这滋生了焦虑和抑郁。

17. 我们知道,如果一个孩子觉得他没有得到足够的积极关注,他会不择手段地去得到消极的关注。他对建立联系的需求,对感觉被倾听和有意义的需求,比他被视为"好孩子"的愿望更强烈。尽管"坏"或"难相处"并不能优化联系,正如我解释的那样,这种自我中心的心理会不由自主地表现出源于傲慢的负面特征,这无疑会导致拒绝和脱节。这是许多孩子所默认的,这种情感不成熟的路线会让他们不择手段地寻找联系。

18. 自我可能诉诸任何和每一个可以想象和不可想象的长度来维持自主性,这带来了可以控制的幻觉(在这种情况下,它可能会导致我们杀死另一个人或我们自己)。某人是否患有人格障碍(从自恋型人格障碍到偏执型精神分裂症)或情绪障碍(如强迫症或者神经性厌食症),这些都与控制相关。

第17章

1. 大多数反社会者都非常聪明,功能强大,而心理变态者通常不太聪明,也不太能适应生活的挑战。反社会者更能控制自己的暴怒,这使得他们更难被发现,因此也更危险。

2. 据统计,男性患这种疾病的可能性是女性的6倍,大多数人在12岁时就会出现症状。

3. 赫维·M. 克莱克利(Hervey M. Cleckley),《理智的面罩:试图重新解释所谓的心理变态人格》(圣路易斯:C. V .莫斯比,1941)。

4. 虽然超越了典型的情感，但反社会者没有恐惧是一个神话。他们经历了所谓的原始情绪，这是一种基本的本能，当他们感到无法控制和无助时，允许短暂的愤怒或怒火爆发。

5. 当一个人看到令他们震惊或害怕的图像时，"战斗—逃跑—冻结反应"开始，他们的瞳孔放大。反社会者则不是这样，因为他们对威胁的生理反应减弱了，如果不是完全消失的话。他们的瞳孔没有扩大，这是这种情况的一个明显的物理标志。参见D.T. 伯利，N.S. 格瑞和R.J. 斯诺登（D. T. Burley, N. S. Gray and R. J. Snowden），《精神疾病中瞳孔反应的情绪调节》，《人格障碍：理论、研究和治疗》10卷，第4期（2019）：365-375。doi:10.1037/per0000313.

6. 相信你的直觉！研究发现，77.3%采访过成年精神病患者的人声称有一种生理反应（感觉皮肤蠕动、呼吸困难、肌肉冻结）。参见J.R. 梅洛耶（J. R. Meloy），《依恋、暴力和犯罪的病理学》，载于《心理学手册》。编辑艾伦·M. 戈尔茨坦（Alan M. Goldstein），《司法心理学》11卷（纽约：威利出版社，2002），509-526。

7. 这些行为在那些还没有控制住人或情况的人身上可以观察到。已经处于权力地位的反社会者在工作环境中是极其危险的。他们是积极、合作文化的破坏者——他们依靠分裂、侦查、操纵和赤裸裸的欺骗而茁壮成长。而那些没有人负责的高层，则是完全无情的。

8. "煽风点火"是那些患有人格障碍的人常用的策略，它可能发生在我们的个人关系和职业关系中。通过操纵、分散注意力和秘密攻击，受害者会质疑他们对现实的感知——怀疑他们自己和他们的思维，并经常感到困惑、不自信和沮丧。随着他们的现实感和身份感被挖掘出来，他们会觉得自己快要疯了。

9. A. 克罗斯利和D. 兰瑞之（A. Crossley and D. Langdridge），《感知的幸福来源：网络分析》，《幸福研究杂志》6卷，第2期（2005）：107-135。

第18章

1. 威廉·格拉瑟，《现实疗法：精神病学的新方法》（纽约：哈珀常年出版社，1975）。

2. 当较低的自尊牵扯到自我时，随之而来的傲慢会创造出不利于健康互动的性格和气质。自我中心并没有培养出能够最大限度建立联系的性格特征（如"谦逊""善良""脆弱""真实"），而是带来所有令人愉快的性格特征，这些性格特征使人反感并导致人与人之间的疏远（如"评判""谴责""挑剔""争论"）。

3. 同理心是一种分享他人的情感，感受他们的痛苦，而不仅仅是同情他们的能力。有同理心的人会因为知道别人的困难而心存感激，因为他们真心希望能减轻别人的痛苦。

4. 参见R. 克鲁格，比尔·希克斯和M. 麦丘（R. Krueger, B. Hicks and M. McGue），《利他主义和反社会行为：独立的倾向，独特的个性相关因素，不同的病因》，《心理科学》12卷，第5期（2001）：397-403。

5. 一个为了被关注而寻求关注的人显然是以自我为中心的，但那些喜欢融入人群的人不一定是无自我的。他们可能害怕任何关注，这表明他们是回避型人格，人格或病理的自我显现迫使他们隐藏起来，而不是成为焦点。

6. 重要的是，我们的总体评估不能依赖单一的迹象或情况。有一些善良、正派的人只是心不在焉，可能会忘记归还他们借的东西。人们可能会为了保护隐私、避免尴尬、躲避对自己或他人的危险而撒谎，这是可以理解的。善意的谎言，比如告诉配偶她的新发型很棒，尽管你讨厌它，这是恰当的、健康的，而且大多数人会认为这样做是聪明的。而且，一个省略的谎言，没有揭示一个可能引起他人纷争的真相，也是有责任的。但是，以他人为代价的坦率或直言，对他造成的任何痛苦很少或根本不敏感，表明这个人缺乏同理心和洞察力。

第19章

1. D. 戴维斯和T.C. 布洛克（D. Davis and T. C. Brock），《第一人称代词的使用作为增加客观自我意识和表现反馈的功能》，《实验社会心理学杂志》11卷，第4期（1975）：389-400。

2. L.A. 李，D.A. 斯布拉，A.E. 梅森和R.W. 洛尔（L. A. Lee, D. A. Sbarra, A. E. Mason and R. W. Law），《依恋焦虑、言语直接性和血压：离婚后实验室模拟研究的结果》，《个人关系》18卷，第2期（2011）：285-301。

3. A. 阿尔岛，S. 诺兰-霍克瑟玛，S. 施维泽尔（A. Aldao, S. Nolen-Hoeksema and S. Schweizer），《跨精神病理学的情绪调节策略：一项荟萃分析综述》，《临床心理学评论》30卷，第2期（2010）：217-237。doi:10.1016/j.cpr.2009.11.004. N. 莫尔，J. 文奎斯特（N. Mor and J. Winquist），《自我关注和负面影响：一项荟萃分析》，《心理学通报》128卷，第4期（2002）：638-662。doi:10.1037/0033-2909.128.4.638. E. 沃

特金斯和R.G. 布朗（E. Watkins and R. G. Brown），《抑郁症的沉思和执行功能：一项实验性研究》，《神经病学、神经外科和精神病学杂志》72卷，第3期（2002）：400-402。doi:10.1136/jnnp.72.3.400.

4. 血清素是在大脑中发现的一种神经递质。它与运动功能、食欲和睡眠控制以及激素调节有关。研究表明，压力会导致血清素的过量摄入。在持续承受压力的情况下，这种高周转率会导致血清素减少，最终可能导致抑郁。参见H. 阿尼思曼和R. 扎查尔克（H. Anisman and R. Zacharko），《抑郁：压力的诱发影响》，《行为和脑科学》5卷，第1期（1982）：89-137。

5. 丹尼尔·卡尼曼，《思考快与慢》（法勒、斯特劳斯和吉鲁出版社，2011）。

6. 思考这个问题的"我们"是自我，它通过恐惧和不安感的镜头过滤我们的想法。

7. W. 布齐和N. 弗雷德曼（W. Bucci and N. Freedman），《抑郁的语言》，《门宁格诊所公报》45卷，第4期（1981）：334-358；沃尔特·温特劳布（Walter Weintraub），《言语行为：适应与精神病理学》（纽约：斯普林格出版社，1981）。

8. 大卫·汤森和伊莱·萨尔兹（David Townsend and Eli Saltz），《句子即时回忆中的短语与意义》，《心理科学》29卷，第6期（2013）：381-384。doi:10.3758/BF03336607.

9. 同上。

10. M.R. 梅尔，M.L. 罗宾斯，S.E. 霍莱恩（M. R. Mehl, M. L. Robbins and S. E. Holleran），《如何用一个词代替一个词可能会有问题：外向性和

神经质的依赖于上下文的语言标记》，在2008年亚利桑那州图森市举办的国际语言和社会心理学协会第11届会议上发表的论文。

11. P. 蕾斯尼克，W. 阿姆斯特朗，L. 克劳蒂诺，尼汉·T. 阮（P. Resnik，W. Armstrong，L. Claudino and T. Nguyen），《马里兰大学CLPsych 2015共享任务系统》，《第二届计算语言学和临床心理学研讨会会议录：从语言信号到临床现实》（2015）：54-60。doi: 10.3115/v1/W15-1207.

12. A. 帕塞和A. 布根（A. Pusztai and A. Bugán），《对已自杀的人的遗书的分析》，《匈牙利精神病学》20卷，第4期（2005）：271-280；B. 加达（B. Gawda），《自杀者告别信分析》，《卢森堡大公国医学科学协会公报》1卷，（2008）：67-74。

13. M.Al-莫西和内特·约翰斯顿（M. Al-Mosaiwi and T. Johnstone），《在绝对状态下：绝对主义词汇的使用增加是焦虑、抑郁和自杀意念的特定标志》，《临床心理科学》6卷，第4期（2018）：529-542。doi:10.1177/2167702617747074.

14. J.D. 蒂斯代尔，J. 斯科特，R.G. 摩尔，H. 海尔斯特，M. 坡布，E.S. 派克尔（J. D. Teasdale，J. Scott，R. G. Moore，H. Hayhurst，M. Pope and E. S. Paykel），《认知疗法如何预防残余抑郁症的复发？对照试验的证据》，《咨询和临床心理学杂志》69卷，第3期（2001）：347-357。

15. 参见基思·坎贝尔，埃里克.A. 若迪克，康斯坦丁·塞迪凯兹（W. Keith Campbell, Eric A. Rudich and Constantine Sedikides），《自恋、自尊和自我观点的积极性：自爱的两种描述》，《个性和社会心理学通报》28卷，第3期（2002）：358-368。检索于2016年8月30日：http://psp.sagepub.com/content/28/3/358.short.

16. B. 西尔维斯特里尼（B. Silvestrini），《曲唑酮：从精神痛苦到抑郁的"Dys压力"合成》，《临床神经药理学》12卷，增刊1（1989）：S4-10。PMID 2568177.

17. 著名的内科医生和疼痛治理的先驱约翰·萨尔诺博士（Dr. John Sarno）解释说：许多身体上的疾病都是下意识地将我们的注意力从不易控制和难以控制的情绪压力上转移开。它们的目的是故意分散潜意识的注意力，它们的产生是为了"协助压抑的过程"。他又解释说：身体上的疼痛并不是隐藏情绪的表现，而是为了防止这些情绪变得有意识。参见约翰·E. 萨尔诺（John E. Sarno），《治疗背痛：精神与身体的联系》（纽约：大中央出版社，1991）。约翰.E. 萨尔诺，《分裂的心灵：身心失调的流行》（纽约：里根图书公司，2006），54。

18. M. 劳克林和R. 强森（M. Laughlin and R. Johnson），《经前期综合征》，《101美国家庭医生》29卷，第3期（2016）：265-269。

19. 温特劳布（Weintraub），《言语行为》。

20. 回想一下第五章，压抑和稳固是人可以选择的用来处理他们的愤怒，使之变成悲伤而不是疯狂的两种方式。这两种模式中的任何一种都可能引起抑郁发作，因为感到悲伤是一种强大的，尽管不健康，但能疏导焦虑和重新释放愤怒的方式。当一个人"根本不在乎"时，那么他既不会焦虑也不会生气。

21. 温特劳布，《言语行为》。

22. 威廉·格拉瑟国际通讯（William Glasser International Newsletter），2013年6月，11。2019年5月11日检索。格拉瑟大胆地鼓励人们注意自己的语言，而不是改变他们的情绪状态来反映实际发生的事情——我们在主动选择压抑自己。

23. 理查·班德勒，约翰·葛林德（Richard Bandler and John Grinder），《神奇的结构》（加州帕洛阿尔托：科学与行为图书公司，1975）。

24. J.M. 阿德勒（J. M. Adler），《生活在故事中：心理治疗过程中叙述身份发展和心理健康的纵向研究中的代理和连贯性》，《人格和社会心理学杂志》102卷，第2期（2012）：367-389。doi:10.1037/a0025289。

25. J.M. 阿德勒和M. 普林（J. M. Adler and M. Poulin），《政治是个人的：叙述9/11和心理健康》，《人格杂志》77卷，第4期（2009）：903-932。doi:10.1111/j.1467-6494.2009.00569.x。

26. 最健康的心态是当我们全力以赴的时候，同时意识到我们不能导致——也不能完全控制——结果。这与那些不觉得自己的行为会以任何方式影响到自己的幸福和安康的人截然不同。

27. D. 唐纳德（D.Hiroto），《控制点和习得性无助》，《实验心理学杂志》102卷，第2期（1974）：187-193。

28. 与感到无助相比，当人们感到有力量时，会表现出更大的采取行动的意愿，这并不奇怪。参见亚当·格林斯基，德博拉·格林菲尔德，J.C. 麦基（A. D. Galinsky, D. H. Gruenfeld, and J. C. Magee），《从权力到行动》，《个性与社会心理学杂志》85卷，第3期（2003）：453-466。doi:10.1037/0022-3514.85.3.453。

29. 在极端的情况下，她觉得自己无法在自己的生活中成就任何大事，所以为了寻找目标，她放弃了自己，去为他人服务。虽然这种行为可能是相同的，但动机与那些毕生致力于为人类服务的人截然不同。这些人帮助别人是因为他们充满热情，觉得这是他们生活的目的。而这个人以牺牲自己为代价为别人做事。

30. 参见乔纳森·M. 阿德勒，艾莉卡·D. 琴，维瑞儿·P. 克里塞提，托马斯·F. 奥尔特曼斯（Jonathan M. Adler, Erica D. Chin, Aiswarya P. Kolisetty and Thomas F. Oltmanns），《边缘型人格障碍特征成年人叙述身份的显著特征：实证研究》，《人格障碍杂志》26卷，第4期（2012）：498-512。

31. 这并不是说这些或其他精神疾病不是遗传或先天遗传的产物，这些遗传或先天遗传会表现出对创伤或环境的忽视。

32. 妄想症是一种不必要的、不合理的感觉，认为别人在试图伤害你。注意：被质疑的人是否过于多疑？她是否经常将善意的行为误解为不友好或敌意？轻度躁郁症的表现形式可能是，有人认为人们在引诱他们，或在背后"谈论他们"，或"试图欺骗"他们。实际上，除非情况变得更加极端，否则没有太多理由感到恐慌；妄想思维（比妄想症更进了一步）听起来更像是"他们想杀了我"或者"人们想绑架我"。

33. 最近在马里兰州贝塞斯达的国家心理健康研究所的一次报告中，国际商业机器公司（IBM）的托马斯·沃森研究中心的吉尔勒莫·A. 塞奇（Guillermo A. Cecchi）博士讨论了他们和其他研究人员如何参与计算语言学，使用语音样本的记录来量化精神疾病。

34. G. 贝迪，F. 卡里略，G.A. 切奇，D.F. 斯莱扎克，M. 西格曼，N.B. 莫塔，S. 里贝罗，D.C. 贾维特，M. 科佩利，C.M. 科科伦（G. Bedi, F. Carrillo, G. A. Cecchi, D. F. Slezak, M. Sigman, N. B. Mota, S. Ribeiro, D. C. Javitt, M. Copelli, and C. M. Corcoran），《自由言论的自动分析预测高风险

青年的精神病发作》，《NPJ精神分裂症》1卷，第1期（2015）：15030。doi:10.1038/npjschz.2015.30. C.E. 比尔登，K.N. 吴，R. 卡普兰，T.D. 卡农（C. E. Bearden, K. N. Wu, R. Caplan and T. D. Cannon），《思维障碍和交流异常是精神病临床高危青年的预后预测因素》，《美国儿童和青少年精神病学学会杂志》50卷，第7期（2011）：669-680。doi：10.1016/j.jaac.2011.03.021.

35. C. 克尔切克斯，K. 布朗，A. 维尔，T. 巴尔图赛特斯，L. 派内特，E. 里布森，D. 纳戈尔，L.P. 莫伦西和J. 布克（C. Kilciksiz, K. Brown, A. Vail, T. Baltrusaitis, L. Pennant, E. Liebson, D. Öngür, L.-P. Morency and J. Baker），《M111：使用面部、声音和语言的自动分析对住院期间的躁狂和精神病进行定量评估》，《精神分裂症公报》46卷，增刊1（2020）：S177。doi：10.1093/schbul/sbaa030.423.

36. 请注意，这些迹象中的一些可能表明一种特定的诊断，可能并不代表这个人的整体情绪健康。例如，一个不注意社交暗示的人可能患有阿斯伯格综合征，古怪或高度特异的行为可能是强迫症的结果。

第20章

1. 斯坦顿·萨梅洛（Stanton E. Samenow），《犯罪心理分析》（纽约：皇冠出版社，2004），235页。

2. 同上，239页。

3. P.S. 阿佩尔鲍姆，斯蒂芬·P. 罗宾斯，乔丹·莫纳汉（P. S. Appelbaum, P. C. Robbins and J. Monahan），《暴力和幻觉：来自麦克阿瑟暴力风险评估研究的数据》，《美国精神病学杂志》157卷，第4期

(2000): 566-572. doi:10.1176/appi.ajp.157.4.566.

4. 同上。据统计,男性占工作场所枪击事件的93%。

5. 沃尔特·温特劳布,《日常生活中的言语行为》(纽约:斯普林格出版社,1989),47。

6. 同上。

7. 据统计,女性比男性更有可能试图自杀,但男性自杀未遂和死亡的可能性是女性的3倍。

8. 从生物学上讲,我们的脆弱性部分是由于被称为镜像神经元的特殊脑细胞,这些细胞寻找信号,作为特定情况下被认为是正确行为的线索。镜像神经元是群体性心理疾病(也称为"交谈障碍",以前称为"群体性歇斯底里")产生的原因。患有这种疾病的人有神经症状——从不受控制的爆发到瘫痪——与任何已知的神经疾病无关,在一个有凝聚力的群体(如学校的班级或办公室)中传播,除了周围人的潜意识影响外,没有其他根本原因。

9. 术语"维特效应"(Werther effect)是由大卫·菲利普斯博士(Dr. David P. Phillips)创造的。他写道:"自杀率的上升不是受到工作日或每月机动车死亡人数波动的影响,也不是因为假日、周末或年度线性趋势的影响,因为这些影响在对照期的选择和治疗中得到了校正,并与实验期进行了比较。"菲利普斯,《自杀、机动车死亡和大众媒体:暗示理论的证据》,《美国社会学杂志》84卷,第5期(1979):1150-1174。

关于作者

大卫·李伯曼博士是一位获奖作家，也是人类行为和人际关系领域国际公认的引领者。截至本书出版时，他的13本书已被翻译成28种语言，包括两本《纽约时报》畅销书，在全球范围内售出了数百万册。李伯曼博士的作品已在全球数百家主要出版物上发表，他还经常作为客座专家出现在国家媒体上，如《今日秀》（*The Today Show*）、《观点》（*The View*）和《福克斯和朋友们》（*Fox & Friends*）。他以对人类行为的深刻见解和提供实用心理学工具及策略帮助人们过上更幸福、更健康、更有成效的生活的能力而闻名。他亲自为世界各地的组织、政府和公司举办研讨会——来自124个国家和使用35种语言的客户非常喜欢他的在线培训计划。

参见DrDavidLieberman.com。